Milo O. Frank

Wie Sie in einer halben Minute Ihren Standpunkt vertreten

W0247584

Milo O. Frank

Wie Sie in einer halben Minute Ihren Standpunkt vertreten

Das 30-Sekunden-System

Die Deutsche Bibliothek – CIP-Einheitsaufnahme

Frank, Milo O.:
Wie Sie in einer halben Minute Ihren Standpunkt vertreten :
das 30-Sekunden-System / Milo Frank. [Aus dem Amerik.
übertr. von Ilse Rader]. – 4. Aufl. – Landsberg am Lech : mvg-verl., 1998
  (Business-Training ; 1113)
  Einheitssacht.: How to get your point across in 30 seconds – or less
  ‹dt.›
  ISBN 3-478-81113-9
NE: GT

4. Auflage 1998

Das Papier dieses Taschenbuchs wird möglichst umweltschonend hergestellt
und enthält keine optischen Aufheller.

Titel der Originalausgabe:
„How to Get Your Point Across in 30 Seconds – or Less"
Copyright © by Milo O. Frank

Aus dem Amerikanischen übertragen von Ilse Rader.

© Alle deutschsprachigen Rechte bei mvg-verlag im verlag moderne industrie AG,
Landsberg am Lech.

Umschlaggestaltung: Gruber & König, Augsburg
Druck- und Bindearbeiten: Presse-Druck Augsburg
Printed in Germany 081 113/2982502
ISBN 3-478-81113-9

Inhalt

Für Sally

Der Nutzen dieses Buches

Lesen Sie die beiden folgenden Abschnitte laut:

Die Zukunft ist wie ein rasendes Fahrzeug ohne Steuermann. Sie müssen der Fahrer sein. Sie müssen lenken. Sie müssen die Richtung bestimmen. Oder wollen Sie, daß ein anderer die Entscheidungen für Sie trifft? Seien Sie nicht nur Beifahrer. Zeigen Sie Ihren Mitmenschen, was Sie wollen und wohin Sie wollen. 30 Sekunden sind der Schlüssel dazu. Mehr Zeit brauchen Sie nicht, um sich durchzusetzen.

Dieses Buch zeigt Ihnen, wie Sie das 30-Sekunden-System in jeder Situation nützen können. Die 30-Sekunden-Botschaft versetzt *Sie* in die Lage, das Steuer zu übernehmen.

Stop!

Sie haben soeben eine 30-Sekunden-Botschaft gelesen.

30 Sekunden erscheinen relativ kurz. Doch sie sind lang genug, um auszudrücken, was man sagen will.

Sie sind lang genug, um bei seinen Zuhörern Interesse und Aufmerksamkeit zu erwecken.

Sie sind lang genug, um seine Zuhörer zu überzeugen oder zu überreden.

Sie sind lang genug, um seinen Standpunkt wirkungsvoll zu vertreten.

Sie können wertvoller sein als drei Minuten, 30 Minuten oder drei Stunden.

30 Sekunden können den Lauf Ihres Berufs- und Privatlebens ändern.

Auf die eine oder andere Weise hatte meine gesamte berufliche Laufbahn mit Kommunikation zu tun. Als junger Mann arbeitete ich in Filmagenturen, die viele Stars wie Linda Darnell, Marilyn Monroe und Humphrey Bogart vermittelten. Meine Aufgaben bestanden darin, neue Kunden zu gewinnen, die besonderen Fähigkeiten und Talente unserer Künstler überzeugend herauszustellen und entsprechend zu verkaufen sowie die Vertragsbedingungen auszuhandeln. Als Abteilungsleiter bei der Fernsehanstalt CBS war ich verantwortlich für die Talentsuche und Rollenbesetzung; ich fand die denkbar besten Schauspieler für die verschiedensten Programme und führte die Vertragsverhandlungen mit den jeweiligen Managern. Als Autor, Regisseur und Produzent war ich es gewohnt, mich in Wort und Schrift an ein breites Publikum zu wenden. Seit vielen Jahren unterrichte ich bereits Geschäftsleute und Politiker in der Kunst, Kommunikationsstrategien in die Praxis umzusetzen.

Ich habe oft erlebt, wie das berufliche Fortkommen durch das gesprochene Wort positiv oder aber auch negativ beeinflußt wurde. Der Angestellte, der nicht über eine gewisse Redegewandtheit verfügt, bekommt keine Gehaltserhöhung und wird auch kaum befördert. Der Chef, der seinen Standpunkt nicht stichhaltig vertreten kann, verliert die Kooperationsbereitschaft seiner Mitarbeiter. Der Verkäufer, der nicht mehr zu reden aufhört, macht keine guten Geschäfte. Der Politiker, der zu lange zuwenig aussagt, wird nicht wiedergewählt. Solche Menschen langweilen uns minutenlang, obgleich sie uns für Sekunden fesseln könnten.

Lesen Sie das folgende laut:

Sich wirkungsvoll, überzeugend und präzise mitzuteilen ist leicht zu lernen. Das 30-Sekunden-System zeigt Ihnen, wie Sie die Aufmerksamkeit Ihres Zuhörers wecken, sein Interesse wachhalten, ihm eine fesselnde Geschichte erzählen, wie Sie fordern und bekommen, was Sie wollen – all das in 30 Sekunden. Sie werden lernen, sich gegenüber Ihren Geschäftspartnern zu behaupten, gegenüber Ihrer Familie, Ihren Freunden und all jenen, mit denen Sie zu tun haben, von der Sekretärin über den Buchhalter bis hin zum Geschäftsführer des Unternehmens. Folgen Sie den in diesem Buch beschriebenen einfachen Schritten. Wenden Sie diese einfache Methode an. Sie werden Zeit sparen und mehr erreichen, als Sie jemals für möglich hielten – und Sie werden Spaß daran haben!

Stop!

Wiederum haben Sie eine 30-Sekunden-Botschaft gelesen.

Selbstverständlich müssen Sie nicht alle Ihre geschäftlichen Unterredungen in 30 Sekunden abwickeln. Schließlich ist es auch wichtig, eine Beziehung zum Geschäftspartner aufzubauen.

Jede Situation ist einzigartig. Dennoch, sobald es Zeit ist, Stellung zu beziehen, sollten Sie es tun – in 30 Sekunden! Es ist unerheblich, ob Sie fünf Minuten oder fünf Stunden mit Ihrem Partner sprechen. Der Kern der Sache sollte in 30 Sekunden genannt sein. Die restliche Zeit gilt der Vor- oder Nachbereitung. Letztendlich wird Sie die richtige 30-Sekunden-Botschaft in die Lage versetzen, Ihre Ideen überzeugend darzulegen und sie im Bewußtsein Ihres Zuhörers fest zu verankern. Wann und wo auch immer Sie ein wichtiges Anliegen haben, die 30-Sekunden-Methode funktioniert bei jeder Gelegenheit.

Wenn Sie gelernt haben, Ihre 30-Sekunden-Botschaft auszuarbeiten, werden Sie in der Lage sein

- zielgerichtet zu denken, zu schreiben und zu sprechen
- Gespräche zielgerichtet zu führen
- jegliche Form der Kommunikation schneller vorzubereiten
- logischer und prägnanter zu formulieren
- Interviews und Besprechungen zu straffen
- das Zuhören zu erleichtern
- Gesprächen Nachdruck zu verleihen und Ihre Darstellung eines Problems zu untermauern
- in Interviews oder Versammlungen effektiver zu sein
- Fragen und Antworten zu nutzen, um Ihren Standpunkt zu vertreten
- Ihr Selbstvertrauen zu stärken und
- in Ihrem beruflichen und privaten Leben erfolgreicher zu sein.

In all den Jahren, die ich mich mit Kommunikationsstrategien beschäftigte, bin ich immer wieder zu dieser grundlegenden Erkenntnis gekommen: Die 30-Sekunden-Botschaft entscheidet viel in Ihrem Leben.

Kapitel 1
Warum 30 Sekunden?

»Wenn er doch endlich zur Sache käme!«

»Also gut, geben wir ihr fünf Minuten, aber dann ist Schluß!«

»Ich kann ihn heute nicht treffen. Ich habe keine Zeit.«

»Geh' nicht ans Telefon. Es könnte Ella sein. Sie redet stundenlang.«

»Dies ist mein erster Auftritt vor Top-Managern. Ich muß gewandt auftreten, mich kurz fassen und präzise äußern.«

»Was soll das nur wieder bedeuten? Ich habe keine Zeit, ganze fünf Seiten zu lesen.«

»Meine Güte, er hat eine Stunde geredet, und ich weiß nicht im geringsten, was er gesagt hat.«

»Falls ich bei der Versammlung eine Gelegenheit zum Reden bekomme und ich mich kurz fassen muß, werde ich dann meinen Beitrag umfassend darlegen können?«

»Wie kann ich mein Anliegen in einem Gespräch, das nur fünfzehn Minuten dauert, deutlich machen?«

»Das sind harte Geschäftsleute. Sie wollen, daß man ohne Umschweife zur Sache kommt.«

»Er will zwei oder drei Minuten Redezeit, und daraus werden dann unweigerlich fünfzehn oder zwanzig. Ihm zuhören ist reine Zeitverschwendung.«

Klingt all dies nicht wohlvertraut in unserer hektischen Welt?

Es gibt zwei eindeutige und zwingende Gründe, warum 30 Sekunden die ideale Zeitspanne sind, um seinen Standpunkt zu vertreten.

Zeitdruck

Der erste Grund sind die *zeitlichen Zwänge* – nicht nur unsere eigenen, sondern auch die jener Personen, die man überzeugen möchte.

Im Laufe meiner Film- und Fernseharbeiten habe ich miterlebt, wie unsere Welt immer noch schnellebiger wurde und wird. Heute sind Schnellrestaurants, schnelle Wagen und schnelle Geschäftsabschlüsse alltäglich. Die Zeit wartet auf niemanden. Man muß immer schneller werden, nur um auf dem laufenden zu bleiben. Und um schneller zu sein, muß man präzise sein.

Haben Sie jemals darüber nachgedacht, wie Sie auf andere wirken und wie Sie andere beurteilen? Ihre Geschäfte, Ihre Aufträge, Ihr Geld und Ihr Erfolg – all dies kann vom ersten Eindruck abhängen. Ist es nicht so, daß Sie und andere sich aufgrund von nur wenigen Worten eine bestimmte Vorstellung von Ihren Mitmenschen machen und entsprechend handeln? Oftmals ist nur Zeit für wenige Worte, darum sollten es die richtigen sein. Die 30 Sekunden von heute sind vergleichbar mit der Stunde von vor vielen Jahren. Um zu überleben und beruflich oder in anderen Bereichen voranzukommen, müssen Sie Ihren Standpunkt kurz und bündig vermitteln können.

Aufnahmefähigkeit

Der zweite und wichtigere Grund, warum 30 Sekunden die ideale Zeitspanne sind, um den eigenen Standpunkt zu vermitteln, liegt darin, daß bei einem dauernden Informationsfluß die *Aufnahmefähigkeit* eines Menschen begrenzt ist, auch wenn er Zeit zum Zuhören hat.

Wie lange können Sie einem anderen zuhören, ohne Ihre Gedanken auf Sex, Geld oder die anderen schönen Dinge des

Lebens abschweifen zu lassen? Wenn ich diese Frage stelle, bekomme ich Antworten im Bereich zwischen vier Stunden und vier Sekunden. Ein Geschäftsmann, der nach einer seiner letzten Verkaufsbesprechungen in besonders schlechter Laune war, sagte, daß die Aufnahmefähigkeit seiner Geschäftspartner gleich Null war. Das stimmte tatsächlich, aber nur, weil er immer derart lange und langweilig zu reden pflegte, daß seine Zuhörer schließlich abschalteten, noch ehe er seinen Mund aufgemacht hatte.

Die durchschnittliche Aufnahmefähigkeit eines Menschen beträgt 30 Sekunden.

Lassen Sie mich ein Beispiel geben. Schauen Sie im Zimmer herum und konzentrieren Sie sich auf eine Lampe. Sie werden merken, daß Ihre Gedanken innerhalb von 30 Sekunden abschweifen. Wenn die Lampe sich bewegen oder sprechen könnte oder von selbst an- und ausginge, würde sie Ihre Aufmerksamkeit für weitere 30 Sekunden gewinnen. Aber ohne Bewegung oder Veränderung kann sie Ihr Interesse nicht an sich binden.

Stellen Sie sich die Aufnahmefähigkeit eines Menschen als vergleichbar mit einem Spielautomaten vor. Diese Maschine muß die erste Fünfzig-Pfennig-Münze angenommen haben, bevor Sie die zweite Münze einwerfen können. Wenn Sie DM 1,– oder DM 2,– auf einmal hineinstecken, verschwenden Sie Ihr Geld, oder Sie blockieren sogar den Automaten. Er kann nur 50 Pfennig auf einmal annehmen. Ihr Gesprächspartner kann Ihnen nur 30 Sekunden auf einmal gespannt zuhören.

Sie haben also lediglich 30 Sekunden, wenn Sie wollen, daß Ihre Zuhörer Gedanken an Sex und Geld aufgeben und Ihnen ihre Aufmerksamkeit schenken. Länger als 30 Sekunden können sich nur wenige Menschen konzentrieren.

Fernsehen, Radio und Aufnahmefähigkeit

Nirgendwo wird die begrenzte Aufnahmefähigkeit deutlicher als in der Radio- und Fernsehwerbung. Die Forschungsergebnisse der Medienwissenschaften belegen, daß die Aufnahmefähigkeit eines durchschnittlichen Medienkonsumenten nur 30 Sekunden anhält. Das ist der Grund, warum Sie und ich im Leben als Zuhörer und Zuschauer nach der 30-Sekunden-Aufnahmefähigkeit-Theorie leben müssen. Fast alle Werbespots in Fernsehen und Radio dauern 30 Sekunden. Wenn diese Werbespots ihr Produkt nicht erfolgreich verkaufen würden, sei es nun ein Kühlschrank oder ein Politiker im Wahlkampf, müßte das gesamte Konzept der Radio- und Fernsehwerbung sehr schnell geändert werden.

Wenn ich in meinen Kommunikationsseminaren das 30-Sekunden-System erläutere, höre ich von ungläubigen Teilnehmern immer wieder: »Ich kann unmöglich meinen Standpunkt in einer solch kurzen Zeit vermitteln.«

Meine Antwort darauf ist, daß dies im Radio und Fernsehen andauernd passiert. Werbespots fesseln nicht nur unsere Aufmerksamkeit, sondern sie beschreiben zudem das Produkt und sagen, wann und wo man es kaufen kann. Hier ein Beispiel für einen 30-Sekunden-Fernsehwerbespot einer Wohnwagenfirma:

»Gezielt haben wir eine große Zahl von Wohnwagen gekauft. Aber wegen des Regens kamen viele unserer Kunden nicht. Darum haben wir jetzt zu viele Wohnwagen. Kaufen Sie sich einen während unseres dreitägigen Sonderverkaufs und sparen Sie bis zu 18 000 Dollar gegenüber dem normalen Listenpreis. Für dieses Geld können Sie mehrere Jahre lang in Urlaub fahren. Sie können über zwölf Jahre abzahlen, zum Beispiel mit einem Finanzierungsplan von 11,9 Prozent. Achten Sie auf die Sportseiten der »Los Angeles Times« am Freitag. Zögern Sie nicht zu lange. Was Sie später einmal bedauern, das sind die Dinge, die Sie versäumt haben.«

Diese Werbung führte zum erfolgreichsten Wohnwagenverkauf in der Geschichte dieser Firma, eine der größten des Landes. Der Werbespot vermittelte dem potentiellen Käufer alles, was er wissen mußte, und zwar im Rahmen seiner optimalen Aufnahmefähigkeit. Der entscheidende Punkt ist, daß in 30 Sekunden viel gesagt und behalten werden kann. Und wenn Radio und Fernsehen das können, so können *Sie* das auch.

Der Kern der Mitteilung – »Sound Bite«

Radio- und Fernsehnachrichten setzen ebenfalls die 30-Sekunden-Aufnahmefähigkeit gezielt ein. Hier spricht man vom »Sound Bite«. Ich bat meine Bekannte Theresa, die Fernsehnachrichten schreibt und moderiert, einigen Geschäftsleuten den »Sound Bite« zu erklären. Sie sagte:

»Aufgrund der begrenzten Aufnahmefähigkeit des Menschen beträgt die durchschnittliche Dauer der einzelnen Nachrichtenbeiträge anderthalb Minuten. Der Reporter braucht 30 Sekunden, um die Story aufzubauen. Weitere 30 Sekunden sind für den Kern der aktuellen Nachricht reserviert, das kann ein Interview oder ein aufgezeichneter Beitrag sein. Und in nochmals 30 Sekunden faßt der Reporter die Nachricht zusammen und schließt sie ab. Wenn ich ein Interview aufnehme, verlange ich von dem betreffenden Interviewpartner, daß er seine Argumente in 30 Sekunden oder weniger darstellt, damit ich sie auswerten und kommentieren kann. Der von mir im Studio bearbeitete 30-Sekunden-Abschnitt des gesamten Interviews wird »Sound Bite« genannt. Wenn die betreffende Person nicht in höchstens 30 Sekunden das Wesentliche sagt, ist der Beitrag für mich nicht verwendbar und wird nicht gesendet.«

Theresa hatte noch etwas zu der 30-Sekunden-Regel bei den Fernsehnachrichten zu sagen:

»Wir haben folgendes festgestellt: Wenn jemand sein Anliegen nicht in 30 Sekunden vermitteln kann, kann er es vermutlich überhaupt nicht darlegen. Wenn man die richtige Methode kennt, kann man jedes Argument sehr gut in 30 Sekunden vertreten.«

Die folgende dramatische und ergreifende Fernsehstory ist ein Paradebeispiel für eine fesselnde Nachricht:

Ein alter Mann war vollständig bekleidet ins Wasser gesprungen, um zwei siebenjährige Kinder zu retten. Als der Fernsehreporter ihn interviewte, war er immer noch triefend naß. Er sagte: »Ja sicher, ich bin 65. Na und? Jeder andere, der schwimmen kann, wäre ins Wasser gegangen, um diese Kinder zu retten. Für mich ist das selbstverständlich. Aber vielleicht habe ich damit etwas Wichtiges erreicht. Die Leute sollten endlich einsehen, daß man noch nicht tot ist, wenn man über 60 Jahre ist. Man ist auch dann noch leistungsfähig, und deshalb sollte das Ruhestandsalter nicht zwingend vorgeschrieben sein.«

Das ist eine beeindruckende Mitteilung von weniger als 30 Sekunden Dauer, die zweifellos den Kern der Sache trifft.

Diese Äußerung stammt von einer Durchschnittsperson unter Streßbedingungen. Sie beweist vollkommen, daß Sie oder irgendjemand anderer das gleiche tun können, wenn Sie nur wissen wie.

Die 30-Sekunden-Botschaft ist immer anwendbar, zu jeder Zeit und an jedem Ort. Sie ist eine grundlegende Technik, die zur festen Gewohnheit wird, wenn man sie erst einmal verinnerlicht hat. Sie wird Ihr Bewußtsein völlig verändern und die Art und Weise, wie Sie täglich mit anderen umgehen, neu prägen. Sie werden feststellen, daß Sie dank dieser Methode auf vieles instinktiv vorbereitet sind und sie eigentlich längst anwenden.

Jeder kann die Kunst der 30-Sekunden-Botschaft mit Hilfe von nur wenigen grundsätzlichen Prinzipien meistern. Sie werden diese im folgenden kennenlernen.

Kapitel 2
Ihre Zielvorstellung

Die klare Zielvorstellung ist bezeichnend für alle Märchenhelden. Alles, was sie tun und wie sie dabei vorgehen, richten sie einzig auf das Erreichen ihres Ziels aus. Sie wissen genau, was sie wollen, und das ist die Voraussetzung für ihren Erfolg. Das erste grundlegende Prinzip der 30-Sekunden-Botschaft besteht ebenfalls darin, eine klar umrissene Zielvorstellung zu haben.

Was will ich?

Zielvorstellung kann man auch mit Ziel, Bestimmung, Vorsatz, Absicht, Soll, Lebenssinn umschreiben. Sie ist das, was man erreichen will. Sie ist der Grund Ihres Daseins. Man muß sie fest vor Augen haben, um effektiv handeln zu können. Sie ist letztendlich der Grund für jede ernsthafte geschäftliche Besprechung oder für jedwede andere Form der Kommunikation, bei der Sie einen Standpunkt zu vertreten haben.

Hier sind ein paar typische Zielvorstellungen aus der Berufswelt aufgelistet. Bestimmt finden Sie eine Ihrer Zielvorstellungen darunter.

- Ein Mann möchte innerhalb des Unternehmens, in dem er arbeitet, aufsteigen.
- Eine Frau möchte eine eigene Firma gründen.
- Ein Management-Assistent möchte Urlaub nehmen.
- Jemand möchte einen eindrucksvollen Trinkspruch ausbringen.
- Ein Verkäufer möchte möglichst viele Kunden zum Erwerb einer Ware animieren.
- Ein Angestellter möchte eine Gehaltserhöhung bekommen.
- Ein Abteilungsleiter möchte die Produktivität seiner Abteilung erhöhen.

- Ein Kunde möchte für eine Serviceleistung weniger Geld ausgeben.
- Ein Abteilungsleiter möchte die Geschäftsleitung von seiner Idee überzeugen.

Die unklare Zielvorstellung

Es ist erstaunlich, wie oft eine Gelegenheit vertan wird, weil jemand eine unklare oder verworrene Zielvorstellung hat.

Martin, ein Manager der mittleren Führungsebene, weiß, daß die Firma Mittel bereithält, damit der Arbeitsablauf in seiner Abteilung optimiert werden kann. Er vereinbart einen Termin mit dem für die Budgetzuweisungen verantwortlichen Vizepräsidenten (VP). Aber er ist sich nicht sicher, was er eigentlich will. Er hat eine verworrene Zielvorstellung. Und so verläuft die Besprechung:

Martin: Ich habe mich nach Möglichkeiten für die Verbesserung unserer Produktivität umgeschaut.

VP: Sehr gut. Was empfehlen Sie denn?

Martin: Nun, wir könnten unsere Arbeit mit dem neuen Computer beschleunigen.

VP: Aber damit würden wir eventuell unser Budget überschreiten. Gibt es eine Alternative?

Martin: Ja. Wir könnten noch eine Sekretärin einstellen. Das würde auch gehen.

VP: Welche Lösung bevorzugen Sie?

Martin: Ich bin mir nicht sicher. Vielleicht sollten wir auch einen Assistenten – eine Stufe über der Sekretärin – in Betracht ziehen.

VP: Das ist ebenfalls möglich. Was ergibt der Kostenvergleich?

Martin: Ich weiß es nicht. Ich werde einige Zahlen zusammenstellen und mich wieder bei Ihnen melden.

Eine Woche später, als Martin mit seinen Zahlen zum Vizepräsidenten zurückkommt, ist es bereits zu spät. Die verfügbaren Gelder sind inzwischen einer anderen Abteilung zugewiesen worden.

Die Tatsache, daß Martin keine klar umrissene Zielvorstellung verfolgte, sondern nur sehr vage Ideen hatte, kostete ihn die benötigte Unterstützung. Darüber hinaus hat er bei einem Mann, der für seine künftige Stellung in der Firma von großer Bedeutung ist, einen negativen Eindruck hinterlassen.

Die eindeutige Zielvorstellung

Im folgenden Gespräch wird dasselbe Thema erörtert – doch dieses Mal weiß Martin genau, was er will. Er hat eine bestimmte, klar umrissene Zielvorstellung. Dies ist der Verlauf der Unterredung:

Martin: Ich habe mich nach Möglichkeiten für die Verbesserung unserer Produktivität umgeschaut.

VP: Sehr gut. Was empfehlen Sie denn?

Martin: Wir könnten unsere Arbeit mit dem neuen Computer schneller erledigen. Die Mietkosten sind hoch, aber auf lange Sicht würden wir Zeit und Geld sparen, schon in 18 Monaten würde sich das Gerät bezahlt gemacht haben. Hier sind die Zahlen.

VP: Gibt es eine preiswertere Alternative?

Martin: Ja. Wir könnten noch eine Sekretärin oder einen Assistenten einstellen. Aber ich glaube nicht, daß die Endergebnisse gleich wären. Ich habe hier einen Kostenvergleich ausgearbeitet.

VP: Sie bevorzugen den Computer, nicht wahr?

Martin: Ja, das stimmt. Und der Hersteller wird ohne zusätzliche Kosten das Programm erstellen und uns in die Bedienung einweisen.

VP: Gut. Ich werde Ihre Zahlen bei der nächsten Budgetbesprechung vortragen. Wir werden sehen, was wir tun können.

Dank seiner klar umrissenen Zielvorstellung kommt Martin schließlich zu seinem Computer. Zudem wird er von der Geschäftsleitung als ein Mann geschätzt, der weiß, was er will.

Nach meiner Erfahrung wissen die wenigsten Berufstätigen, nicht einmal die Führungskräfte in Industrie und Politik, genau, was ihre Zielvorstellung ist. Oder sie wählen ein Ziel, das ihren Interessen oder Bedürfnissen nicht optimal entspricht. Allein mit der präzisen Bestimmung des eigenen Ziels geht man den ersten, entscheidenden Schritt, um den eigenen Standpunkt überzeugend darzulegen.

Im folgenden wird gezeigt, wie man seine Zielvorstellung und damit sein Ziel bestimmen kann.

Die eigene Zielvorstellung herausfinden

Stellen Sie sich die folgenden Fragen:
- Warum gehe ich dorthin?
- Was will ich erreichen?
- Warum will ich das Gespräch führen?
- Warum will ich diesen Brief schreiben?
- Warum will ich diese Person treffen?
- Warum will ich das Interview führen?
- Warum will ich diese Versammlung ansprechen?

Wenn Sie auf diese Fragen zwei oder mehrere gleiche Antworten geben können, haben Sie Ihr Ziel gefunden.

Es gibt nur eine Zielvorstellung, und diese muß klar umrissen und präzise formuliert sein. Wenn Sie sie gefunden haben, prüfen Sie sie erst einmal, ehe Sie sie anwenden. *Warum* ist nahezu immer das geeignete Wort für diese Prüfung. Sobald Ihre Zielvorstellung klar ist – sobald Sie wissen warum – können Sie beginnen, Ihre Botschaft vorzubereiten. Wägen

Sie alles, was Sie sagen wollen, gegen Ihre Zielvorstellung ab. Wenn Ihre Gedanken und Worte Ihre Zielvorstellung nicht darstellen und bekräftigen oder Ihnen nicht helfen, das Ziel zu erreichen, müssen Sie Ihr Konzept noch einmal überarbeiten. Wenn Sie Ihr Ziel genau bestimmt haben, dann sollten Sie sich auch unbedingt daran halten.

Das hintergründige Ziel

Manchmal kann es strategisch unklug sein, seine Zielvorstellung anderen gegenüber zu äußern. Während des Zweiten Weltkriegs hatten die Alliierten zum Beispiel ein *geheimes* Ziel, als sie an den Stränden der Normandie landeten. Weil sie die Deutschen geschickt täuschten, vermuteten diese, daß die Alliierten an anderer Stelle landen wollten. Auch *Sie* können sich in der Kommunikation die gleiche Strategie zunutze machen.

Als ich die Rollen für »Playhouse 90«, einer erfolgreichen Fernsehserie von Live-Shows, verteilte, hatte ich eine geheime Zielsetzung. Wir wollten die besten verfügbaren Schauspieler engagieren, doch leider waren meist ihre Gagen für unser Budget zu hoch. So entwickelte ich eine neue Art der Dotierung, die ich »Gast-Star-Honorar« nannte. Ich konnte Schauspieler dazu überreden, für weniger als ihre übliche Gage zu arbeiten, indem ich die neue Gast-Star-Idee und die Vorteile für ihre Karriere erläuterte. Die Auftritte nützten sowohl dem Bekanntheitsgrad der Künstler wie auch unserem Budget. So erreichte ich mein hintergründiges Ziel.

Eine geheime Zielsetzung kann erfolgreich sein, solange *Sie* genau wissen, was das Ziel ist.

Jede Form der beruflichen Kommunikation – sei es ein Vorstellungsgespräch, eine Unterredung zwischen dem Chef und einem Angestellten, eine Aktennotiz, ein Vortrag, ein Verkaufsgespräch – sollte *ein genau definiertes Ziel* haben. Ande-

renfalls vergeuden Sie Ihre Zeit oder die Zeit Ihres Gesprächs-
partners beziehungsweise Zuhörers. Und Sie sollten wissen,
was Sie erreichen wollen, bevor Sie anfangen zu schreiben
oder zu sprechen.

In 30 Sekunden – oder noch schneller

**Ihre Zielvorstellung muß Ihnen deutlich vor Augen führen,
was Sie erreichen möchten, und warum Sie dies erreichen
möchten.**

Sie ist der Grund, warum Sie hier sind.

Sie können nur eine Zielsetzung haben.

**Bei jeder Art von beruflicher Kommunikation sollten Ihre
Überlegungen und Worte dazu dienen, Ihre Zielvorstellung
einzuführen, zu bekräftigen und durchzusetzen.**

**Sie brauchen Ihre Zielsetzung anderen gegenüber nicht offen
darzulegen; Sie selbst müssen sie jedoch immer vor Augen
haben.**

**Das erste grundlegende Prinzip des 30-Sekunden-Systems
ist, ein klar umrissenes Ziel vor Augen zu haben.**

Kapitel 3
Wer hört zu?

Stellen Sie sich vor, Sie nehmen an einem Tennisturnier teil und erreichen überraschenderweise das Finale. Ihr Endspielgegner ist Ihnen nicht bekannt, ebensowenig seine Spieltechnik. Sie hatten also vorher keine Gelegenheit, dessen Vorgehensweise zu studieren, zum Beispiel ob er Grundlinienspieler ist oder gerne zum Angriff ans Netz vorläuft. Sie könnten sich selbst ohrfeigen, weil Sie seine Spielweise nicht vorher beobachtet und analysiert hatten, um genau zu wissen, wie Sie seine Schläge am besten abwehren können.

Wie oft betreten Sie in der Berufswelt »unbekanntes Territorium«, ohne zu wissen, wen oder was Sie vorfinden werden? Wie oft gehen Sie in wichtige Besprechungen, führen wichtige Telefongespräche und Unterredungen mit Geschäftspartnern, ohne etwas über Ihre Ansprechpartner zu wissen? Sie können sehr wohl eine klar umrissene Zielvorstellung haben, aber es gilt, den richtigen Ansprechpartner zu finden, diejenige Person, die Ihnen das geben kann, was Sie suchen, die Ihre Zielvorstellung erfüllen kann, sei es eine Arbeit zu leisten, einen Ratschlag zu geben, Hilfe, Geld oder lediglich Informationen zu vermitteln. *Seinen Zuhörer zu kennen und zu wissen,* was *er erwartet,* ist das zweite grundlegende Prinzip des 30-Sekunden-Systems.

Der richtige Ansprechpartner

Um meine Frau mit einem ausgefallenen Weihnachtsgeschenk zu überraschen, bestellte ich vor Jahren einmal einen Luxusartikel, nämlich einen Handtuchwärmer für unser Badezimmer. In dem Katalog wurden zwei verschiedene Modelle angeboten: das eine mußte im Fußboden verschraubt

25

werden, das andere war aufrecht stehend ohne Schrauben. In unserem alten Haus sind Fußboden und Wände des Badezimmers aus Marmor, und deshalb bestellte ich selbstverständlich den aufrecht stehenden Handtuchwärmer. Er wurde uns rechtzeitig zum Weihnachtsfest zugeschickt. Es war eine unerwartete Überraschung für uns beide – für meine Frau zur Freude, für mich zum Ärger, denn der Handtuchwärmer mußte wider Erwarten im Fußboden verankert werden. Ich konnte mir nicht vorstellen, wie ich Löcher in den Marmorfußboden bohren sollte.

Ich holte den Branchen-Katalog hervor, suchte die Adresse heraus und schrieb einen Brief, in dem ich mein Geld zurückforderte. Ich erhielt keine Antwort. Dann analysierte ich das Problem unter dem Gesichtspunkt »Wähle den richtigen Ansprechpartner für das richtige Ergebnis«. Wer konnte mein Anliegen schnell und ohne Schwierigkeiten erfüllen? Natürlich der Geschäftsführer des Unternehmens. Also schrieb ich ihm. Wieder keine Antwort. Ich schrieb nochmals und forderte mein Recht. Er antwortete mir in einem freundlichen Brief, daß er sich um die Angelegenheit kümmern werde. Keine weitere Nachricht folgte. Ich schrieb erneut, diesmal einen noch böseren Brief. Unsere Schreiben überkreuzten sich. »Sehr geehrter Herr Frank!«, schrieb er. »Wir würden gern Ihren Handtuchwärmer zurücknehmen, aber Sie haben ihn nicht bei uns gekauft. Wir führen diesen Artikel nicht. Sie haben ihn bei »Hammacher & Schlemmer« gekauft.«

Ich wußte zwar genau, was ich erreichen wollte, nämlich mein Geld erstattet bekommen. Und dieses Ziel verfolgte ich. Ich hatte auch den richtigen Ansprechpartner gefunden – den Geschäftsführer des Unternehmens. Aber es war das falsche Unternehmen.

Schließlich schrieb ich einen Brief an den Geschäftsführer von »Hammacher & Schlemmer«, der sich über die Geschichte amüsierte und mir sehr entgegenkommend das Geld zurückerstattete.

Sobald Sie also Ihr Ziel bestimmt haben, versichern Sie sich immer genau, wer Ihnen geben kann, was Sie brauchen. Wenn Sie bei einem Einkauf Anspruch auf eine Erstattung haben, wenden Sie sich, falls nötig, an den Firmenleiter. Wenn Sie eine Gehaltserhöhung haben wollen, gehen Sie zu Ihrem Chef. Wenn Sie bei der Telefonauskunft keine Antwort bekommen, wenden Sie sich an den Vorgesetzten des Telefonisten. Wenn Ihr Versicherungsanspruch nicht bearbeitet wird, gehen Sie zum Vorgesetzten Ihres Versicherungsagenten oder zum Direktor Ihrer Versicherungsgesellschaft.

Wenden Sie sich an die Person, die Ihre Angelegenheit in die Hand nehmen kann.

Sicherlich muß man manchmal erst mit der falschen Person reden, um an die richtige Person heranzukommen. Aber ungeachtet dessen, mit wem man dann letztlich spricht, sollte man soviel wie möglich über die betreffende Person zu erfahren versuchen:

Mit welchen Aufgaben ist diese Person betraut, welche Stellung nimmt sie innerhalb des Unternehmens ein? Welche Zuständigkeit hat sie? Was ist ihr Hintergrund? Was sind ihre Interessen oder Hobbys? Vielleicht gibt es Gemeinsamkeiten. Als Tennisspieler weiß ich: Wenn ich mit jemandem zu tun habe, der auch Tennis spielt oder gespielt hat, bricht eine Unterhaltung über Tennis das Eis und verschafft mir eine gute Ausgangsposition.

Hat Ihr Ansprechpartner eine starke und sichere Position? Über wieviel Autorität verfügt er? Ist er ein Bürokrat? Reagiert er in bezug auf bestimmte geschäftliche Angelegenheiten empfindlich? Ist er schüchtern oder redselig? Hat er Humor?

Bereits bei der Planung Ihres Ziels sollten Sie wissen, wer Ihr Ansprechpartner ist. Sie können davon nur profitieren.

Den Gesprächspartner kennen

Ich weiß immer ganz genau, mit wem ich spreche. Hier ist ein Beispiel:

Meine Frau, Sally Forrest, war gerade von Metro-Goldwyn-Mayer als neue, junge Hauptdarstellerin unter Vertrag genommen worden, als sie auf Wunsch des Studios an ihrer ersten großen Hollywood-Premiere teilnahm. Überall waren Kameras, Mikrophone, Scheinwerfer, Fans und Reporter, darunter zwei bekannte Gesellschaftskolumnistinnen. Sally wurde zum Rednermikrophon geführt, wo ihr zukünftiger Chef, der MGM-Produktionsleiter, bereits wartete. Er begrüßte sie und sagte ein paar nette Worte über ihre glänzende Zukunft bei MGM, ihrer neuen Heimat. Sally erzählte dem versammelten Publikum über Mikrophon und vor laufenden Kameras, wie glücklich sie in diesem Moment sei. Zum Abschluß wandte sie sich ihrem Chef zu und sagte: »Ich danke Ihnen ganz besonders, Mr. Wellman.« Sie dachte, er sei der berühmte Regisseur Bill Wellman.

Als ihr Ehemann war ich amüsiert, aber als ihr Manager war ich entsetzt. Ich sagte Sally in sehr nachdrücklicher Weise, daß sie, sofern sie im wichtigsten Studio des Filmgeschäfts Erfolg haben wolle, keinesfalls ihren Chef, der für die Produktionen verantwortlich ist, mit dem falschen Namen anreden dürfe. Ich würde jeden beim Namen kennen, und sie müsse dazu ebenfalls unbedingt in der Lage sein.

Etwa einen Monat später spazierten Sally und ich in ein Restaurant am Strand von Santa Monica. Und siehe da, am Tisch in einer Ecke saß der berühmte Regisseur und Auftraggeber der Agentur, bei der ich arbeitete: Bill Wellman – der »Mr. Wellman« von Sallys peinlicher Verwechslung. In der Zwischenzeit war mir die Komik jenes Vorfalls bewußt geworden. Also ging ich mit Sally zu seinem Tisch hinüber und sagte: »Mr. Wellman, vor etwa einem Monat . . .« und erzählte ihm von dem heiklen, im nachhinein aber lustigen Vorfall.

Er lächelte und sagte: »Das ist eine sehr amüsante Geschichte, aber ich bin nicht Bill Wellman. Ich bin Paul Hesse.«

Paul Hesse, ein berühmter Fotograf, der sich auf Schauspielerporträts spezialisiert hatte, sah in der Tat Bill Wellman ein wenig ähnlich. Dies versuchte ich mir nun jedenfalls einzureden. Wie Sie sehen, weiß ich wirklich immer ganz genau, mit wem ich spreche.

Um seinen Standpunkt in 30 Sekunden oder noch schneller zu vertreten, bestimmt man zunächst sein *Ziel,* und dann wählt man den oder die richtigen, für die Angelegenheit *zuständigen Ansprechpartner.* Dann verschafft man sich so viele Informationen wie möglich über diese Person oder Gruppe. Schließlich, und das ist am wichtigsten, bringt man in Erfahrung, *welche Erwartungen der oder die Ansprechpartner haben.* Das funktioniert folgendermaßen.

Richard, stellvertretender Filialleiter einer Bank, weiß, daß die Stelle des Filialleiters frei wird. Er strebt den Aufstieg in diese Position an – *seine Zielvorstellung* – und vereinbart einen Termin für ein Vorstellungsgespräch mit dem Vorstandsvorsitzenden, der ihm die Stelle geben kann – *der richtige Ansprechpartner.* Dann sammelt er alle verfügbaren Informationen über diesen Manager. Der Mann

- ist ein unermüdlicher Arbeiter
- war sein ganzes Leben lang im Bankgeschäft tätig
- begann seine Karriere als Kassenbeamter
- legt größten Wert auf höfliche Behandlung der Kunden
- kümmert sich um seine Angestellten
- schätzt ehrgeizige Leute
- ist selbstsicher und mag selbstsichere Menschen
- kennt alle anfallenden Arbeiten in der Bank und erwartet von anderen Führungskräften das gleiche
- wird nicht nur durch sein hohes Einkommen motiviert.

Richard weiß, daß er die Anforderungen und Interessen des Direktors – und nicht seine eigenen – erfüllen muß, wenn er überzeugend wirken und die Stelle bekommen will. Er stellt sich die Frage: »Was erwartet der Direktor von mir?« Um diese Frage zu beantworten, versetzt er sich gedanklich in die Lage des Direktors. Und er stellt fest, daß dieser folgende Erwartungen haben wird:

- Er will sehr gute Gründe hören, warum er ausgerechnet mir die Stelle geben sollte.
- Er will sehen, was ich über die Position weiß.
- Er will wissen, warum ich besser bin als andere Bewerber.
- Er will wissen, warum ich mir die Arbeit zutraue.
- Er will wissen, wie selbstbewußt ich bin.
- Er will wissen, was mir die Stelle bedeutet.
- Er will wissen, wie ich mit anderen Angestellten und mit den Kunden umgehen werde.
- Er will sehen, wie ich mich unter dem Druck eines wichtigen Interviews verhalte.
- Er will sehen, wie ich auf bestimmte Fragen reagiere.
- Er will herausfinden, ob ich ehrgeizig bin.
- Er will sehen, was für ein Mensch ich bin.
- Er will feststellen, wie intelligent ich bin.
- Er will, daß ich ihm beweise, daß ich der Position gewachsen bin.

Nun weiß Richard nicht nur, was er will, sondern auch, was der Direktor von ihm erwartet. Und dieses Wissen ist für die Formulierung jeder 30-Sekunden-Botschaft grundlegende Voraussetzung. Klingt das kompliziert? Nein, nicht wirklich. Durch die Identifikation mit dem Direktor, der ihn befragen würde, war Richard in der Lage, den für den Vorgesetzten *wichtigsten Aspekt* seiner Bewerbung hervorzuheben: seine Qualifikation für die Position. Davon mußte Richard also den Direktor überzeugen – in 30 Sekunden oder noch schneller, unabhängig davon, wie lange das Vorstellungsgespräch tatsächlich dauern würde. Als das Gespräch stattfand, betonte Richard sein Wissen, seine Erfahrung, sein Engagement und sein Selbstvertrauen – kurz, seine Qualifikation für die Stelle.

Es gehörte noch eine kleine Hintergrundinformation zu diesem Plan. Richard wußte, daß der Direktor, der ihm die Stelle geben konnte, in erster Linie an seiner Qualifikation interessiert war. Aber er wußte außerdem noch, daß der Direktor ein begeisterter Handballspieler war. Er war sogar die treibende Kraft im Handballteam der Bank. Während des Vorstellungsgespräches unterstrich Richard daher sein Wissen, seine Erfahrung, sein Engagement, sein Selbstvertrauen – aber auch seine Wurftechnik im Handballspiel. All das in 30 Sekunden oder weniger. Und er bekam die Stelle.

Bevor Sie Ihre 30-Sekunden-Botschaft vorbereiten, die einen besseren Arbeitsplatz, eine Gehaltserhöhung, einen Urlaubsantrag, die Kooperation Ihrer Mitarbeiter, eine Rückerstattung, einen wohltätigen Beitrag bewirken soll, müssen Sie immer wissen, wer Ihre Zuhörer sind und was »das gewisse Extra« ist, das Ihnen mehr als alles andere eine positive Reaktion einbringen kann.

Es ist nicht gerade empfehlenswert, ein mehr oder weniger unbekanntes Ziel anzusteuern. Wir haben jetzt das Ziel erhellt. Sie wissen, in welche Richtung Sie sich bewegen müssen. Sie wissen, worauf es ankommt. Jetzt können Sie daran gehen, mit Hilfe des 30-Sekunden-Systems Ihr Ziel zu verfolgen.

In 30 Sekunden – oder noch schneller

Wenden Sie sich an den richtigen Ansprechpartner, der Ihnen zu Ihrer vollsten Zufriedenheit weiterhilft.

Verschaffen Sie sich so viele Informationen wie möglich über Ihren Ansprechpartner.

Identifizieren Sie sich mit Ihrem Zuhörer. Was erwartet er von Ihnen und was ist »das gewisse Extra«, durch das Sie seine Gunst gewinnen können?

Den Zuhörer und seine Erwartungen zu kennen, ist das zweite grundlegende Prinzip des 30-Sekunden-Systems.

Kapitel 4
Der Ansatz

Erinnern Sie sich an Dorothy im Lande Oz? Sie und ihr Hund Toto wollen nach Kansas zurückkehren. Scarecrow, die Vogelscheuche, will mehr Verstand haben. Tin Man, die Zinnfigur, will ein Herz haben. Cowardly Lion, der feige Löwe, wünscht sich mehr Mut. Das sind ihre *Zielvorstellungen.* Und sie wissen, daß der Zauberer, der Wizard of Oz, die einzige Person ist, die ihnen geben kann, was sie haben wollen. Er ist der richtige Ansprechpartner. Ihr Problem ist, wie sie nach Emerald City gelangen können, um den Zauberer zu treffen. Sie nehmen die Yellow Brick Road. Das ist ihr Weg, ihre *Vorgehensweise.*

Das dritte grundlegende Prinzip des 30-Sekunden-Systems ist die *richtige Vorgehensweise.*

Wie erreiche ich mein Ziel?

Die *richtige Vorgehensweise* besteht aus einem einzigen Gedanken oder Satz, der Sie Ihrer Zielvorstellung näher bringt. Diesen Gedanken oder Satz kann man auch Prämisse, Kerngedanken, Konzept, Brennpunkt, treibende Kraft, Strategie, Spielplan oder Thema Ihrer Botschaft nennen. Die *richtige Vorgehensweise* entspricht in ihrer Bedeutung dem Fundament eines Gebäudes, dem Kern einer Sache, dem Skelett eines Körpers, dem Thema, das sich als Leitmotiv durch ein Musikstück zieht. Nachdem Sie im Rahmen des 30-Sekunden-Systems entschieden haben, was Sie erreichen wollen, und wer Ihnen dabei behilflich sein kann, müssen Sie bestimmen, wie Sie am besten an Ihr Ziel kommen können. *So gehen Sie richtig vor.*

Den richtigen Ansatz finden

Stellen Sie sich die folgenden Fragen und beantworten Sie sie jeweils in einem Satz, während Sie sich Ihr Ziel und Ihren Ansprechpartner oder Zuhörer vorstellen:

- Worüber spreche ich?
- Worauf basiert mein Plan?
- Was ist der Kern meines Anliegens?
- Welches ist die beste Aussage, um an mein Ziel zu kommen?
- Kann ich diese Aussage ohne Schwierigkeiten zu einem wohl begründeten Standpunkt ausbauen?
- Welche anderen wesentlichen Aussagen passen zu meinem Anliegen oder beziehen sich darauf?
- Steht meine Aussage im Zusammenhang mit den Bedürfnissen und Interessen meines Zuhörers?

Wenn die Antworten auf wenigstens zwei dieser Fragen gleich sind und direkt auf Ihr Ziel sowie die Bedürfnisse und Interessen Ihrer Zuhörer bezogen sind, wissen Sie, wie Sie vorgehen werden.

Erinnern Sie sich an unser Beispiel mit Richard, den stellvertretenden Leiter einer Bankfiliale, der die Beförderung zum Filialleiter anstrebte? Er war vorbereitet. Er hatte sehr viele Informationen über den Manager, der ihn zu einem Vorstellungsgespräch gebeten hatte. Er wußte, welche Punkte er ansprechen mußte. Seine Vorgehensweise, sich auf dieses Gespräch vorzubereiten, bestand darin, sein Wissen, seine Erfahrung, seine Begeisterung und sein Selbstvertrauen hervorzuheben.

Die Zahl der Vorgehensweisen, die uns eine bestimmte Zielvorstellung erreichen helfen, ist unbegrenzt. Es gibt so viele Möglichkeiten, wie Sie sich vorstellen können. Sie müssen sich jedoch für eine einzige Vorgehensweise entscheiden, genauso wie Sie nur eine einzige bestimmte, klar umrissene Zielvorstellung haben sollten. Auch Richard hätte sich für ein anderes Vorgehen entscheiden können. Beispielsweise hätte er dem Manager erzählen können, daß er die Stellung deshalb haben wolle, weil er mehr Geld brauche, um für seine Frau und seine Kinder zu sorgen. Aber Richard war klug genug zu erkennen, daß dieser Weg nur geringe Erfolgschancen haben würde, denn er entsprach nicht den Wünschen und Interessen des Managers. Richard wählte die *richtige Vorgehensweise*.

Die Wechselbeziehung zwischen Ziel und Vorgehensweise

Vor der spanischen Küste liegt ein versunkenes Schiff. Sie haben die Zielvorstellung, an dieses Schiff heranzukommen, aber Sie wissen nicht wie. Was nützt Ihnen dieses Ziel, ohne einen Plan, eine Methode, den Schatz zu heben? Die richtige Vorgehensweise ist die Lösung. Ein Ziel ohne entsprechende Vorgehensweise ist nutzlos.

Sie gehen am Morgen aus dem Haus. Sie nehmen entweder einen Hubschrauber, oder Sie reiten auf einem Kamel, oder Sie laufen auf Rollschuhen, aber Sie wissen nicht, wohin Sie wollen. Lächerlich? Ja. Aber das ist ein ausgezeichnetes Beispiel dafür, was es bedeutet, sich für eine Vorgehensweise entschieden zu haben, ohne jedoch das Ziel zu kennen. Das richtige Vorgehen ohne entsprechendes Ziel ist nutzlos.

Das Ziel und die richtige Vorgehensweise sind voneinander abhängig. Selbstverständlich beeinflußt Ihr Ziel die Auswahl Ihrer Vorgehensweise. Auch die Kenntnis der Wünsche und Interessen Ihrer Zuhörer ist wichtig dafür, welche Vorgehensweise Sie wählen. Aber erst wenn Sie die richtige Methode kennen, sind Sie abgesichert wie mit einem Rettungsring oder Fallschirm. Eine klar umrissene, zielstrebige Vorgehensweise, die in einem einzigen Satz formuliert ist, garantiert, daß Sie niemals vergessen, worüber Sie eigentlich sprechen. Sie ist einfach und direkt und gewährleistet, daß Sie Ihr Ziel niemals aus den Augen verlieren – unabhängig davon, ob Sie zu einer einzigen Person sprechen oder vor einer ganzen Versammlung.

Die Überzeugungskraft, die von einem klar definierten Ziel und der entsprechenden Vorgehensweise ausgeht, begeistert mich immer wieder. Es wird Ihnen genauso ergehen, je länger Sie diese Methode anwenden. Sie können sie in jeder beruflichen und privaten Situation erfolgreich einsetzen. Hier sind einige Beispiele:

Angestellter zum Chef

Ziel:	Beförderung
Vorgehensweise:	Ein Unternehmen muß heute Führungskräfte aufbauen, um konkurrenzfähig zu bleiben.

Unzufriedener Kunde zum Verkäufer

Ziel:	Geldrückerstattung oder Umtausch der Ware
Vorgehensweise:	Ich weiß, daß gute Geschäfte wie das Ihre für die Qualität ihrer Waren einstehen.

Angestellter zum Chef

Ziel:	Gehaltserhöhung
Vorgehensweise:	Ich habe gegenüber dem Unternehmen den Wert meiner Arbeit unter Beweis gestellt.

Chef zum Angestellten

Ziel:	den Angestellten halten, ohne ihm eine Gehaltserhöhung zu geben
Vorgehensweise:	Alles zu seiner Zeit.

Kunde zum Kreditinstitut oder zur Bank

Ziel:	Nichtvergütung ungerechtfertigter Kosten
Vorgehensweise:	Ich zahle gern, wenn nachgewiesen wird, daß die Kosten gerechtfertigt sind.

Verkäufer zum Kunden

Ziel:	dem Kunden Diamantohrringe zum Geburtstag seiner Frau zu verkaufen
Vorgehensweise:	Wie könnten Sie ihr besser Ihre Liebe beweisen?

Eine Geschäftsfrau zu einer anderen

Ziel:	sie veranlassen, mit einem Lizenzgeber zu verhandeln
Vorgehensweise:	Für Frauen ist finanzielle Unabhängigkeit wundervoll, neu und aufregend.

Kunde zum Verkäufer

Ziel:	das beste Angebot bekommen
Vorgehensweise:	Ihr Produkt gefällt mir, aber es übersteigt mein Budget.

Nichtraucher zu einem Zigarrenraucher am nächsten Tisch

Ziel:	ihn vom Rauchen abbringen
Vorgehensweise:	Ich bin allergisch gegen Zigarrenrauch, davon wird mir immer übel.

Zu wissen, *was* man will, *wer* es einem geben kann und *wie* man es bekommen kann, das sind die Grundlagen jeder mündlichen oder schriftlichen Kommunikation. Es sind die drei wesentlichen Prinzipien der wirksamsten Form, sich schriftlich oder mündlich mitzuteilen – der 30-Sekunden-Botschaft. Wenn Sie diese Regeln beherrschen, können Sie sie bei der Ausarbeitung Ihrer eigenen 30-Sekunden-Botschaft anwenden. Hier ist ein Beispiel:

Uwe, leitender Angestellter in einer Marketingabteilung, möchte die zwei Wochen Urlaub nehmen, die er sechs Monate zuvor aufschieben mußte. Das ist sein Ziel. Der stellvertretende Abteilungsleiter ist der Mann, der den Urlaub genehmigen kann. Wie geht Uwe vor? Er sagt folgendes zu seinem Chef; lesen Sie es laut und versuchen Sie, seine Methode zu erkennen:

»Geben Halbtote gute Führungskräfte ab? Mein Urlaub wird sich für Sie genauso auszahlen wie für mich. Sie wissen, daß ich schwer arbeite und meine Arbeit gern erledige. Ich möchte meine Begeisterung nicht verlieren, aber ich bin müde und muß einmal ausspannen. In meiner Abteilung ist alles auf dem laufenden. Falls dringende Arbeiten erledigt werden müssen, so wird Marie damit bestimmt fertigwerden, und ich werde sie auf alle Eventualitäten gut vorbereiten.

Ich hätte gern zwei Wochen Urlaub und würde am liebsten ab Beginn des nächsten Monats Ferien machen. So bleiben mir jetzt noch zweieinhalb Wochen, um alles in Ordnung zu bringen.

Wenn ich zurückkomme, kann ich mit voller Kraft doppelt so schwer und doppelt so effektiv arbeiten. Können Sie mir bis Mittwoch Bescheid geben? Vielen Dank.«

Uwes Ansatz war: »Mein Urlaub wird sich für Sie genauso wie für mich auszahlen.« Er wählte den Weg, der sowohl seinem eigenen Ziel, als auch den Wünschen und Interessen seines Chefs entgegenkam. All das in nur 30 Sekunden. Das war die richtige Vorgehensweise für Uwe, um Urlaub zu bekommen.

Selbstverständlich marschierte Uwe nicht einfach in das Büro seines Chefs und spulte seine 30-Sekunden-Botschaft wie eine vorbereitete Rede ab. Aber er hatte sorgfältig überlegt, was er sagen wollte, und nachdem er das Gespräch auf seinen Urlaub gebracht hatte, trug er seine Argumente vor. Hätte er einen formellen Urlaubsantrag gestellt, so wäre der Inhalt im wesentlichen der gleiche gewesen. Er hatte die Grundsätze der 30-Sekunden-Botschaft gemeistert. Und Sie können es auch.

Doch eine wahrhaft eindrucksvolle 30-Sekunden-Botschaft enthält nicht nur die drei grundlegenden Bestandteile. Es ist wie bei einem delikaten französischen Gericht, bei dem der Koch viele verschiedene Zutaten und Gewürze einer bestimmten Kombination von Fleisch, Gemüse und Sauce hinzufügt, um daraus ein sehr schmackhaftes Mahl zu bereiten. Im nächsten Kapitel werden wir uns mit den verschiedenen zusätzlichen Ingredienzien beschäftigen, die eine 30-Sekunden-Botschaft interessant, umfassend und erfolgreich machen.

In 30 Sekunden – oder noch schneller

Die richtige Vorgehensweise besteht oft aus einem einzigen Gedanken oder Satz, der am besten zum Ziel hinführt.

Bei der richtigen Vorgehensweise werden auch die Wünsche und Interessen der Zuhörer berücksichtigt.

Der richtige Weg ermöglicht es Ihnen, sich ganz auf das Ziel zu konzentrieren und es nicht aus den Augen zu verlieren.

Zu wissen, was man will, wer es einem geben kann und wie man es erreicht – dies sind die drei grundlegenden Prinzipien des 30-Sekunden-Systems.

Kapitel 5
Der Aufhänger

Wodurch werden Sie verführt, verlockt, verleitet, gereizt, gefesselt, verzaubert, verhext, gefangen, hypnotisiert, daran erinnert und davon überzeugt, ein Produkt zu kaufen, sich ein Programm anzuschauen oder ein Buch weiterzulesen? Durch einen Anreiz, einen verführerischen Aufhänger.

Ein Aufhänger kann ein Satz sein oder auch ein Gegenstand, mit dem Aufmerksamkeit erregt werden soll. Jede Stunde, am Tage und in der Nacht, beim Fernsehen, Radio hören, Lesen von Zeitungen, Büchern oder Illustrierten oder beim Betrachten von Plakatwänden wirken optische und akustische Anreize auf Sie ein.

Zeitungen verwenden von je her packende Aufhänger für ihre Texte, die sogenannten Schlagzeilen.

Eine lokale Zeitung brachte die Story eines Ehepaares, das die Läuferinnen einer Schul-Leichtathletikmannschaft trainierte. Die Schlagzeile lautete: »Für diese beiden ist das Leben ein Sportfest.« Spaßig und einfallsreich ist auch der Aufhänger der eher nüchternen Zeitung »Wall Street Journal«. Ein Artikel über Fledermaus-Guano auf der ersten Seite war überschrieben mit: »Vögel tun es, Fledermäuse tun es, aber die Frage ist, wer kann es besser?«

Eine der berühmtesten Schlagzeilen aller Zeiten stand in der Zeitschrift »Variety«, einem Magazin über die Unterhaltungsindustrie, und lautete: »HIX NIX STIX PIX«. Dieser Slangausdruck bedeutet: »Bauerntölpel wollen keine Filme über die Provinz sehen.« Der Artikel handelte von Leuten, die in der Provinz wohnen, aber keine Filme über das Landleben mögen. Die Schlagzeile erregte sofort größtes Aufsehen, führte zum Ausverkauf der Nummer und sorgte jahrelang für Spaß und Gelächter in der Unterhaltungsbranche.

Fernsehen und Radio setzen ebenfalls gezielte Anreize ein, die den Schlagzeilen der Zeitschriften stark ähneln.

»US-amerikanische Pilotin wird von russischen Seeleuten gerettet ... rumänischer Reporter bittet während der Olympischen Spiele um politisches Asyl ... und was hält die Polizei von einem ihrer Männer, der erst eine Bombe auf einen türkischen Lastwagen legte und dies dann meldete? Dies und weiteres in den Elf-Uhr-Nachrichten.«

Man wird angelockt und dazu verführt, beim gewählten Programm zu bleiben.

Zu Beginn eines spannenden Abenteuerfilmes sieht man erst einmal viel Action: Es wird geschossen, Autos verunglücken, Menschen stürzen von Dächern ab. Die Produzenten setzen die aufregendsten Teile des Films an den Anfang. Man ist fasziniert und gebannt.

Auch Fernseh- und Radiowerbung benutzen bestimmte Aufmacher.

»Eine große Kartoffel allein macht noch keine guten Kartoffelchips, es kommt vor allem auf den richtigen Geschmack an.«

»Das Problem bei einer gewöhnlichen Mülltüte ist, daß nicht immer alles drin bleibt, was hineinkommt.«

An solche Aufhänger erinnert man sich und kauft das Produkt.

Sogar in Büchern findet man solche Aufhänger. Die Kapitelüberschriften sind wie Schlagzeilen, die den Leser neugierig machen und faszinieren.

Wann immer Sie mit jemandem sprechen – sei es nun Ihr Angestellter, Geschäftspartner, Chef oder der Vorstandsvorsitzende – Sie müssen zuerst seine Aufmerksamkeit gewinnen. Auch Sie müssen Ihren Gesprächspartner verführen, verlocken, verleiten, reizen, fesseln, verzaubern, verhexen, fangen, hypnotisieren und dafür sorgen, daß man sich an Sie erinnert. All das erreichen Sie, wenn Sie einen guten Aufhänger an den Anfang Ihrer 30-Sekunden-Botschaft setzen.

Den richtigen Aufhänger finden

Um den speziellen Aufhänger für Ihre 30-Sekunden-Botschaft zu finden, beantworten Sie die folgenden Fragen:

- Was ist der ungewöhnlichste Teil Ihres Themas? Können Sie diesen Teil auf einen Satz reduzieren?
- Was ist der interessanteste Teil Ihres Themas? Können Sie ihn auf einen Satz reduzieren?
- Was ist der dramatischste Teil? Können Sie ihn auf einen Satz reduzieren?
- Was ist der humorvollste Teil? Können Sie ihn auf einen Satz reduzieren?

Die Sätze, die Sie dabei finden, kommen in die engere Auswahl als Aufhänger. Überprüfen Sie sie jetzt in bezug auf die folgenden Fragen:

- Führt Sie der Aufhänger zu Ihrem Ziel?
- Bezieht sich der Aufhänger auf Ihre Zuhörer?
- Bezieht sich der Aufhänger auf Ihre Vorgehensweise?
- Interessiert oder fesselt der Aufhänger Ihre Zuhörer?
- Kann der Aufhänger der erste Satz Ihrer 30-Sekunden-Botschaft sein?

Der Satz, der diese Anforderungen am besten erfüllt, ist Ihr Aufhänger – wenigstens beinahe.

In einem letzten Schritt müssen Sie bestimmen, ob der Aufhänger als Aussage oder als Frage einen besseren Anreiz gibt. Prüfen Sie beide Formen. Beide sind akzeptabel. Doch wann immer es möglich ist, bevorzuge ich eine Frage, denn sie ist wirkungsvoller. Ein Aufhänger soll Aufmerksamkeit erregen, und Zuhörer passen normalerweise besser auf, wenn ihnen eine Frage gestellt wird. Durch welchen Aufhänger würden *Sie* sich eher angesprochen fühlen:

»Alle guten Manager haben eine hervorragende Fähigkeit.«

»Welche hervorragende Fähigkeit haben alle guten Manager gemeinsam?«

Ich bevorzuge die zweite Möglichkeit. Wenn Sie zwischen Aussage und Frage gewählt haben, dann haben Sie Ihren Aufhänger gefunden. Doch denken Sie daran: Wenn der Aufhänger eine Frage ist, müssen Sie sie in Ihrer 30-Sekunden-Botschaft auch beantworten. Die Antwort auf die oben gestellte Frage ist: »Alle guten Manager können sich selbst und ihre Ideen überzeugend darstellen.«

Arnold, ein Geschäftsführer, spricht mit einer Gruppe seiner leitenden Angestellten. Er strebt langfristiges Wachstum und Wohlergehen seines Unternehmens durch das Fortbestehen guter Führung an. Er weiß, daß sich einige seiner Manager bewußt oder unbewußt große Sorgen machen, wenn sie ihre Mitarbeiter darauf vorbereiten sollen, eines Tages ihre eigene Stelle zu übernehmen.

Aber er weiß auch, daß jedem der Abteilungsleiter sehr daran gelegen ist, zu gegebener Zeit seine Pensionszahlungen zu bekommen. Arnold plant sein Vorgehen sorgfältig und möchte folgendes vermitteln: »Die Ausbildung von qualifizierten Führungskräften bedeutet Sicherheit für uns alle.« Welchen der beiden folgenden Sätze sollte er zur Eröffnung seiner Ansprache wählen?

»Wir müssen qualifizierte Führungskräfte aufbauen.«

»Machen Sie sich eigentlich manchmal Gedanken darüber, wer Ihre Stelle einnimmt, wenn Sie in den Ruhestand treten?«

Falls Sie sich für den zweiten Satz entschieden haben, dann haben Sie es richtig gemacht. Der erste Satz ist ein Gemeinplatz, dieser Aufhänger langweilt anstatt anzuregen, die Botschaft kommt nicht an. Die zweite Möglichkeit hingegen erweckt Aufmerksamkeit und nimmt den Zuhörer unmittelbar für die Botschaft ein.

Und so setzte Arnold seinen Aufhänger ein:

»Machen Sie sich manchmal Gedanken darüber, wer Ihre Stelle einnimmt, wenn Sie in den Ruhestand treten? Ich schon, denn qualifizierte Führungskräfte heranzuziehen, bedeutet für uns alle mehr Sicherheit im Hinblick auf unsere Altersversorgung und den Wert unserer Geschäftsanteile nach dem Ausscheiden aus der Firma.«

Arnolds Aufhänger war bezogen auf sein Ziel, seine Zuhörer und seine Vorgehensweise. Er war kurz, dramatisch und vor allem wirkungsvoll.

Humorvolle Aufhänger

Ein Aufhänger kann ernsthaft, dramatisch oder humorvoll sein. Auf jeden Fall aber muß er das Interesse wecken. Wenn er langweilig ist, erfüllt er nicht seinen Zweck, die Aufmerksamkeit der Zuhörer zu erregen. Manchmal glauben die Teilnehmer meiner Seminare, daß sie eine ernste Botschaft nicht mit einem spaßigen oder extrem dramatischen Aufhänger beginnen können. »Wir sind doch nicht im Showgeschäft«, sagen sie. »Wenn Sie überzeugend sein wollen, sind Sie es doch, ob es Ihnen nun gefällt oder nicht«, antworte ich dann. Je dynamischer der Aufhänger ist, desto effektiver wird die ganze Botschaft.

Bei richtiger Anwendung ist Humor ein sehr eindrucksvolles Mittel und ein hervorragender Aufhänger. Allerdings würde ich nicht empfehlen, Witze zu erzählen, es sei denn, Sie heißen Bob Hope, aber sogar dann . . . Das Risiko ist zu groß, daß ein Witz nicht gut ankommt.

Ich spreche aus Erfahrung. Während ich einmal im Beverly Hills Tennis Club zu Abend speiste, hörte ich, wie der Schauspieler Walter Matthau einen Witz erzählte. Niemand lachte, doch ich fand den Witz prima und übernahm ihn:

Zwei Kannibalen waren beim Essen. Der eine Kannibale sagte zum anderen: »Ich mag meine Schwiegermutter nicht.« Darauf erwiderte der andere: »Iß doch nur die Nudeln.«

Um zu zeigen, daß man sehr vorsichtig sein muß, wenn man die Aufmerksamkeit seiner Zuhörer gewinnen will, erzählte ich den Witz den verschiedensten Gruppen, zum Beispiel auch weiblichen Führungskräften und chinesischen Geschäftsleuten. Die Chinesen, die ihre Schwiegermutter traditionell sehr verehren, lachten höflich, aber ohne echte Überzeugung. Die Managerinnen, die selbst schon Schwiegermütter waren oder eines Tages sein würden, lachten überhaupt nicht.

Man kann niemals sicher sein, wie die Reaktion auf einen Witz sein wird. Warum sollte man dann ein Risiko eingehen? Die besten humorvollen Aufhänger sind Anekdoten oder persönliche Erlebnisse. Und dabei braucht man sich auch nicht auf einen Satz zu beschränken.

Hier ist beispielsweise eine Anekdote, die ich gern erzähle, wenn ich das Thema »So viel wie möglich über seine Zuhörer erfahren« erläutere. Der Pressevertreter von Cary Grant klagte darüber, daß es ihm auf die Nerven gehe, immer wieder nach dem Alter von Cary Grant gefragt zu werden. Diese Frage war ihm eines Morgens bereits zweimal gestellt worden, als er ein Telegramm des Herausgebers einer Fan-Zeitschrift erhielt, das kurz und bündig lautete: »Wie Alter Cary Grant?« Er sandte eine ebenso knappe Antwort zurück: »Altem Cary Grant geht es ausgezeichnet, und Ihnen?«

Hier ist ein weiteres Beispiel. Ich leitete ein Seminar in einem Hotel. Sechs führende Geschäftsleute waren in einem großen, eleganten und sehr schönen Raum versammelt. Ich bat jeden, sich einen Aufhänger auszudenken, eine einfache Aussage, die jeden einzelnen ansprechen sollte. Darauf sagte eine junge Dame: »Eben lief eine Maus durch das Zimmer.«

»Das ist einer der besten Aufhänger, den ich jemals gehört habe«, erwiderte ich.

»Und obendrein«, sagte sie, »ist es auch noch die Wahrheit«.

Es stimmte. Und ich stelle mir manchmal vor, daß diese kleine Maus sicher ein großer Redner in der Mäusewelt geworden ist.

Humorvolle Anekdoten und persönliche Erlebnisse sind ausgezeichnete Aufhänger, solange sie direkt auf Ihr Ziel und

Ihren Zuhörer bezogen sind und Ihnen helfen, Ihr Argument durchzusetzen. Ein Aufhänger wird wegen seines Humors und der mit ihm verbundenen 30-Sekunden-Botschaft oft unvergeßlich.

Aufhänger – Blickfänge

Der beste Aufhänger ist manchmal nicht verbal, sondern visuell. Bei einem meiner Kommunikations-Seminare in einem großen amerikanischen Unternehmen hielten fünf Manager einen Vortrag über »Die Stellung von Minderheiten und Frauen«. In der Mitte des Raumes standen zwei Stühle und darunter je ein Paar leere Damenschuhe. Zur Eröffnung des Vortrags hieß es: »Wo sind die Leute, die in diese Schuhe passen?«

Dies war ein sehr guter visueller Aufhänger in Verbindung mit einer großartigen Einleitung. Er wirkte Wunder, und jeder in dem Unternehmen spricht noch heute davon.

Ein Professor der Universität Los Angeles hatte einmal einen der brillantesten Aufhänger aller Zeiten. Als er anfing, über die Architektur der Großstädte zu sprechen, stürzte er plötzlich zu Boden. Er grinste und sagte: »Jetzt habe ich Ihre Aufmerksamkeit, nicht wahr?« So weit brauchen Sie nicht zu gehen. Aber wenn Sie das Interesse Ihrer Zuhörer oder Leser nicht gleich zu Beginn wecken, ist sogar die beste 30-Sekunden-Botschaft vergeblich.

Der Aufhänger ist alles

Sie haben gelernt, daß ein Aufhänger ein einziger Satz oder eine Frage sein kann. Wenn Sie eine Anekdote oder ein persönliches Erlebnis als Aufhänger nehmen, so können es mehrere Sätze sein. Aber der Aufhänger kann auch die gesamte

30-Sekunden-Botschaft sein, solange er den Kern der Sache trifft. Ein gutes Beispiel ist der Slogan eines bekannten Zoos: »Ausrottung ist ewig.« Drei Worte beinhalten, wenn auch versteckt, die Zielvorstellung, die Vorgehensweise, den Aufhänger und die Botschaft. Hier ist ein weiterer Aufhänger, der alles sagt:

Was man nicht im Bett tun sollte:

Sie können lesen.
Sie können sich ausruhen.
Sie können schlafen.
Sie können telefonieren.
Sie können frühstücken.
Sie können fernsehen.
Sie können Musik hören.
Sie können Gymnastik machen.
Sie können sogar Cracker essen – vorausgesetzt Sie sind allein.
Und, Sie können auch kuscheln.
Aber zünden Sie sich im Bett niemals eine Zigarette an.
Denn wenn Sie auch nur einmal einnicken, können alle Ihre Träume in Rauch aufgehen.

R. J. Reynolds Tabakwaren GmbH

In 30 Sekunden – oder noch schneller

Ein Aufhänger ist ein Satz oder ein Objekt, mit dem man Interesse weckt.

Um die Aufmerksamkeit Ihres Lesers oder Zuhörers zu gewinnen, gestalten Sie die erste Aussage Ihrer 30-Sekunden-Botschaft besonders wirkungsvoll.

Ihr Aufhänger sollte sich auf Ihr Ziel, Ihren Zuhörer und Ihre Vorgehensweise beziehen.

Ein Aufhänger kann als Frage oder als Aussage formuliert sein, er kann dramatisch oder humorvoll sein. Eine Frage muß anschließend auch beantwortet werden.

Anekdoten und persönliche Erlebnisse sind meist ausgezeichnete Aufhänger.

Ihre gesamte Botschaft kann ein Aufhänger sein.

Sammeln Sie gute Aufhänger.

Sammeln Sie persönliche Erlebnisse und Anekdoten, die gute Aufhänger abgeben könnten, indem Sie sie in einem Notizbuch aufschreiben. Sie wissen nicht, ob Sie sie nicht einmal gut gebrauchen können, um Ihren Standpunkt in 30 Sekunden oder noch schneller durchzusetzen.

Kapitel 6
Ihr Thema

Es lohnt sich, die drei Grundregeln der Kommunikation zu befolgen:

»Nimm Deine Zuhörer für Dich und Deine Sache ein!«
»Fessle sie!«
»Überzeuge sie!«

Sie haben Ihre Zuhörer mit dem Aufhänger bereits für sich und Ihre Sache interessiert. Nun müssen Sie sie fesseln und überzeugen.

Ein guter Verteidiger bereitet sein Schlußplädoyer sehr sorgfältig vor. Er weiß, daß er die Aufmerksamkeit des Richters und der Geschworenen gewinnen muß. Deshalb braucht er einen Aufhänger. Er weiß auch, daß er seine Rede mit einer Bitte um Milde für den Angeklagten abschließen muß. Das *Thema* seines Vortrags umfaßt alles, was zwischen Anfang und Schlußwort gesagt wird. Der thematische Teil Ihrer 30-Sekunden-Botschaft muß Ihren Standpunkt erklären, bekräftigen und beweisen. Um dies zu erreichen, muß das *Thema* vollständig oder zum größten Teil nach der berühmten Formel »*Was, Wer, Wo, Wann, Warum* und *Wie*« aufgebaut sein.

Wie Sie Ihr Thema ausarbeiten

1. Schritt
- Sie müssen Ihre Zielvorstellung kennen.
- Sie müssen Ihre Zuhörer kennen.
- Sie müssen Ihre Vorgehensweise kennen.

2. Schritt

Stellen Sie sich nun die folgenden Fragen:

- Worüber spreche ich?
- Wer ist beteiligt?
- Wo spielt es sich ab?
- Wann ist es?
- Warum geschieht es?
- Wie mache ich es?

3. Schritt

Vergleichen Sie jetzt Ihre Antworten mit den folgenden Fragen:

- Bekräftigen und/oder erklären meine Antworten mein Ziel?
- Beziehen sie sich auf meine Zuhörer?
- Entsprechen sie meiner Vorgehensweise?

Die Antworten auf die sechs *Was-, Wer-, Wo-, Wann-, Warum-* und *Wie*-Fragen eignen sich zum Aufbau des Themas Ihrer 30-Sekunden-Botschaft, wenn sie die Anforderungen in Schritt 3 erfüllen. Sie können sie in jeder nur möglichen Kombination oder Reihenfolge verwenden. Hier ein Beispiel für eine 30-Sekunden-Botschaft, in der alle sechs enthalten sind:

Ein Geschäftsführer, der sich um Beteiligungen an seinem Unternehmen bemüht, spricht mit einigen potentiellen Investoren. Er beginnt mit dem Aufhänger:

»Kann der Wert unserer Aktien in diesem Jahr verdoppelt werden? – Ich meine, das kann er und das wird er auch.«

Danach entwickelt er seinen Ansatz weiter.

»Wir sind Teil einer Wachstumsindustrie.«

Anschließend erläutert, bekräftigt und beweist er seine Behauptung.

»Das letzte Geschäftsjahr hat es wieder bewiesen. Es war das beste Jahr in der Geschichte unseres Unternehmens – Rekordeinnahmen und Rekordgewinne. Unsere Marktanteile wach-

sen ständig. Die Nachfrage nach unserem Produkt ist außerge-
wöhnlich hoch. Die Vorbestellungen brechen alle Rekorde.
Kaufen Sie unsere Aktien jetzt, dadurch beteiligen Sie sich am
Gewinn. Ich selbst habe bereits Anteile gekauft und werde
noch wesentlich mehr Aktien erwerben.«

Zu Beginn nannte der Geschäftsführer seinen Zuhörern genau
das Thema, über welches er zu sprechen beabsichtigte. Er
führte Ort und Zeit des Geschehens an, erläuterte die Konse-
quenzen und Perspektiven und schließlich den Grund seiner
Ansprache.

Hier ist eine weitere 30-Sekunden-Botschaft:

Ein Arzt spricht als medizinischer Berater eines Unternehmens mit einem der Manager.

»Möchten auch Sie bis ins hohe Alter körperlich und geistig
jung bleiben? Die vorbeugende Medizin kann Ihnen dabei
helfen. Wußten Sie, daß ein Herzinfarkt ein Signal dafür ist,
daß Ihr Herz Ihnen etwas übelnimmt? Sie können das vermeiden, indem Sie Ihr Herz pflegen und es bei guter Laune halten. Sie müssen sich nur regelmäßig bewegen, das Rauchen
aufgeben, weniger kalorienreich essen und sich mindestens
einmal pro Woche einen Tag gönnen, an dem Sie sich völlig
entspannen. Wenn Sie diese einfachen Regeln befolgen, wird
Ihr Herz es Ihnen danken. Ich möchte, daß Sie gesund bleiben. Kommen Sie also nicht nur dann zu mir, wenn Sie krank
sind. Rufen Sie mich morgen an, dann habe ich Ihre Untersu-
chungsergebnisse durchgesehen. Wir können dann gemeinsam entscheiden, ob Sie am Dienstag wiederkommen müssen,
damit wir über eine mögliche Diät oder sportliche Betätigung
sprechen.«

In dieser einfachen, prägnanten 30-Sekunden-Botschaft er-
kennt man, daß der Arzt über seine Zielvorstellung, seinen
Zuhörer und seine Vorgehensweise genau Bescheid wußte. Er
vermittelte dem Manager das Thema – vorbeugende Medizin.
Dann erklärte er ihm, wer betroffen ist, und wo, warum, wann

und wie die Gesundheit erhalten werden kann. Er behandelte damit nicht nur einige, sondern alle Aspekte, die zum Thema einer 30-Sekunden-Botschaft gehören.

Das Thema ist der Kern einer jeden 30-Sekunden-Botschaft. Es erläutert Ihren Standpunkt, beantwortet die im Aufhänger gestellte Frage und beschreibt die Aufgabe, die man erledigt haben möchte. Sie können den richtigen Weg zu Ihrem Ziel gewählt haben, die Aufmerksamkeit Ihres Zuhörers mit einem provozierenden Aufhänger gewonnen haben, dennoch ist die Botschaft nicht wirkungsvoll, wenn Sie Ihr Thema nicht so prägnant und eindrucksvoll wie nur möglich vortragen.

Das Thema gleicht der Meldung nach einer dramatischen Schlagzeile oder dem Bildtext zu einem ungewöhnlichen Foto.

Was, Wer, Wo, Wann, Warum und *Wie* sind Teile Ihres Themas. Diese Formel ist leicht zu lernen. Wenn man sie erst beherrscht, kann sie in jeder 30-Sekunden-Botschaft sehr viel Nutzen bringen.

In 30 Sekunden – oder noch schneller

Das Thema erläutert und bekräftigt Ihre Zielvorstellung.

Das Thema bezieht sich auf Ihren Zuhörer.

Das Thema ist Teil Ihrer Vorgehensweise und steht in unmittelbarem Bezug dazu.

Was, Wer, Wo, Wann, Warum und Wie sind Teile Ihres Themas.

Das Thema ist der Kern Ihrer 30-Sekunden-Botschaft.

Sie sollten Ihr Thema kennen und es so prägnant und eindrucksvoll wie nur möglich vortragen.

Kapitel 7
Fordern Sie, was Sie haben wollen

Appelle, Mahnungen, Befehle, Vorschriften, Verträge, Ergebnisse, Abschlüsse – dies sind im Grunde alles Forderungen.
Am Ende jeder 30-Sekunden-Botschaft müssen Sie verlangen, was Sie haben wollen.
Eine Botschaft ohne bestimmte Forderung ist eine verpaßte Gelegenheit. Wenn Sie nicht um etwas Bestimmtes bitten, bekommen Sie wahrscheinlich gar nichts. Es läuft immer auf den einen Punkt hinaus: Wer nichts fordert, bekommt nichts.

Der Schluß Ihrer Botschaft

Um den Schluß, der am besten zur Zielvorstellung Ihrer 30-Sekunden-Botschaft paßt, zu finden, fragen Sie sich einfach: »Was will ich von meinem Zuhörer?« Die Antwort auf diese Frage ist der gesuchte Abschluß. Dann überlegen Sie sich, wie Sie den Schluß der Situation entsprechend am günstigsten formulieren.
Es gibt zwei Wege, eine 30-Sekunden-Botschaft abzuschließen: Die Aufforderung zu einer bestimmten Handlung und die Aufforderung zu einer bestimmten Reaktion.

Aufforderung zum Handeln

Durch eine *Aufforderung zum Handeln* bittet man seine Zuhörer, in bestimmter Weise aktiv zu werden. Allerdings sollte die gewünschte Handlung nicht nur indirekt geäußert werden.
Eine Frau aus einem Elternbeirat sagte zu ihren Bekannten: »Ich möchte eine Kampagne gegen das Rauchen in der Schule

in Bewegung setzen. Hat jemand Ideen dazu?« Alle sagten: »Prima, wir überlegen uns etwas. Laßt uns doch zusammen Kaffee trinken und Kuchen essen.«

Das taten sie dann auch, und das war das Ende der Anregung. Sie unterhielten sich über andere Dinge, und die Frau bekam keine Vorschläge oder Hilfestellungen.

Nun die gleiche Situation mit einer direkten Handlungsaufforderung:

»Ich mache mir Sorgen um die Kinder in der Schule, die schon rauchen, und ich möchte eine Anti-Raucher-Kampagne starten. Mir ist das sehr wichtig, und ich bin sicher, Ihnen auch, denn es könnte unseren Kindern helfen, gar nicht erst mit dem Rauchen anzufangen oder damit aufzuhören, falls sie es schon tun. Lassen Sie uns doch Ideen und Vorschläge aufschreiben, während wir Kaffee trinken und Kuchen essen.«

Dieser Vorfall hat sich tatsächlich ereignet. Es waren 16 Personen anwesend, und die Frau bekam 16 Antworten. Dieses Beispiel zeigt, wie wertvoll eine direkte Handlungsaufforderung sein kann. Wenn Sie jemanden darum bitten, innerhalb einer bestimmten Zeit etwas Bestimmtes zu tun, werden Sie mit großer Wahrscheinlichkeit das bekommen, was Sie haben wollen.

Diese Methode funktioniert genausogut am Arbeitsplatz. Hier ein Beispiel:

Es ist gegen Feierabend. Sie führen mit vier Kollegen ein informelles Gespräch darüber, wie Sie Kosten in Ihrer Abteilung einsparen können. Sie können Ihren Kollegen nicht vorschreiben, was sie tun sollen, aber Sie können um Vorschläge bitten. Auf Ihre vage Bitte »Meine Herren, wir wissen alle, daß wir Kosten sparen müssen. Ich habe dazu einige Ideen und Sie sicherlich auch. Lassen Sie uns darüber nachdenken«, werden Ihre Kollegen so antworten: »Natürlich, Sie haben recht. Wir werden darüber nachdenken.« Vermutlich wird daraufhin aber überhaupt nichts geschehen.

Wenn Sie jedoch sagen: »Meine Herren, wir wissen alle, daß wir Kosten sparen müssen. Ich würde es begrüßen, wenn jeder von Ihnen mindestens drei Verbesserungsvorschläge aufschreibt, damit wir bei unserer Zusammenkunft am nächsten Dienstag darüber sprechen können. Es könnte für uns alle sehr hilfreich sein. Danke für Ihre Hilfe«, dann bekommen Sie auch Ergebnisse. Obgleich Sie höflich gefragt haben, haben Sie zu einer ganz bestimmten Handlung innerhalb einer bestimmten Zeit aufgefordert.

Aufforderung zur Reaktion

Wir sind alle wohlvertraut mit den aggressiven Verkaufstechniken der Fernsehwerbung und den energischen Aufforderungen wie »Kaufen Sie jetzt!«, »Kommen Sie noch heute!«, »Nutzen Sie diese einmalige Gelegenheit!« Ebenso bekannt ist uns die zwanglose Werbung, die mit Anspielungen arbeitet, um ihren Zweck zu erreichen. Man wird indirekt zu einer Reaktion aufgefordert.

Manchmal ist es nicht möglich, eine bestimmte Handlung zu fordern – oder es wäre einfach kein kluges Vorgehen. Das ist dann der geeignete Moment für die sanftere Taktik – die Aufforderung zu einer Reaktion. Diese Methode setzt die Überzeugungskraft der Andeutung oder des Beispiels ein, um die gewünschten Ergebnisse zu erzielen.

Ich wurde einmal Opfer dieser Strategie, als ich in einem Antiquitätengeschäft ein Paar wunderschöne, silberne Leuchter in Filigranarbeit, die aus dem 17. Jahrhundert stammten, entdeckte. Sie waren verkäuflich, dennoch sagte der Inhaber keineswegs: »Kaufen Sie, Herr Frank?« Er meinte nur: »Sind sie nicht herrlich? Zu dem Preis finden Sie keine prächtigeren Leuchter. Ich weiß nicht, warum niemand sie bisher gekauft hat, aber ich bin froh darüber. Übrigens werde ich sie heute abend mit nach Hause nehmen und behalten. Meine Frau wünscht sich die Leuchter schon die ganze Zeit, seitdem wir sie gefunden haben.«

Natürlich mußte ich diese Leuchter kaufen, und wenn meine Frau und ich sie heute betrachten, bin ich glücklich darüber. Allerdings bin ich auch etwas klüger geworden, was die Kunst angeht, jemanden indirekt zu einer Reaktion aufzufordern.

Wie Sie Ihren Schluß wählen

Bei der Wahl des Schlusses ist die Strategie entscheidend. Zwei Regeln sind anzuwenden: Sie müssen Ihre Zielvorstellung und Ihre Zuhörer kennen. Es ist wichtig, sorgfältig abzutasten, wie weit man den Zuhörer drängen kann. Manchmal ist die Antwort auf eine aggressive Handlungsaufforderung, die ein sofortiges Echo verlangt, ein *Nein,* während Geduld und die Überzeugungskraft der Suggestion eines indirekten Appells ein *Ja* bewirkt hätten.

Entscheiden Sie sich im voraus, wie Sie vorgehen wollen. Aber laufen Sie vor allem nicht in eine Sackgasse. Halten Sie sich immer einen Weg frei. Sie bekommen nicht, was Sie haben wollen, wenn Sie nicht danach verlangen. Wenn Sie allerdings nicht wissen, wie man fordert, bekommen Sie auch nichts.

In 30 Sekunden – oder noch schneller

Eine Botschaft ohne bestimmte Forderung ist eine versäumte Gelegenheit.

Wer nicht fragt, bekommt nichts.

Ein direkter Handlungsappell verlangt eine bestimmte Handlung in einem bestimmten Zeitraum.

Eine Aufforderung zu einer Reaktion ist die geeignete Strategie, wenn die besten Chancen in einem indirekten Appell liegen.

Entscheiden Sie sich für Ihren Schluß im voraus. Verbauen Sie sich aber keine Chancen.

Kapitel 8
Entwerfen Sie ein Bild

»Stellen Sie sich vor, Sie sind ganz allein und hungrig. Sie befinden sich in einer Straße, in der sich ein Betongebäude an das andere reiht. Die Häuser sind ohne Türen und Fenster. Die Straße hat kein Ende. Es gibt keine Hoffnung. So ergeht es entlaufenen oder ausgesetzten Haustieren, Hunden oder Katzen, wenn sie in der Stadt frei herumlaufen.«

Diese Worte äußerte einmal mir gegenüber ein Mann der Wohltätigkeitsorganisation »Delta« in Los Angeles. Ich verstand seine Botschaft und schrieb ihm bereitwillig einen Scheck aus. Ich dachte an die verängstigten Tiere, die ich in den Straßen gesehen hatte, und daran, wie meine Frau und ich versucht hatten, diese armen Geschöpfe zu retten. Der Mann rief mir diese Erinnerungen ins Gedächtnis zurück und sprach meine Gefühle an. Er zeichnete ein Bild, dem ich nicht widerstehen konnte.

Eine wirklich effektive 30-Sekunden-Botschaft besteht aus mehr als einem Aufhänger, ein paar Worten und einem Abschluß. Mit Ihren Worten sollten Sie ein Bild entwerfen, an das sich Ihr Zuhörer erinnert. Es sollten Worte sein, die der Zuhörer versteht, und sie sollten sich auf Ihre eigenen oder die persönlichen Erlebnisse des Zuhörers beziehen. Vor allem aber sollten sie dem Zuhörer ans Herz gehen.

Schriftsteller sind mit dieser Methode vertraut. Ihre Techniken beruhen auf Bildhaftigkeit, Klarheit, Personifizierung und Gefühlsbetontheit. Auch Sie können diese vier Techniken einzeln oder zusammen in Ihrer 30-Sekunden-Botschaft einsetzen. Damit können Sie den Aufhänger, den Abschluß, einen Teil der Botschaft oder die gesamte Botschaft gestalten. Wie auch immer Sie diese sprachlichen Elemente kombinieren, Sie verleihen mit ihrer Hilfe Ihrer 30-Sekunden-Botschaft Farbe und Ausdruckskraft.

Bildhaftigkeit – farbige Beschreibungen

Wenn Sie sich mit jemandem unterhalten, möchten Sie erreichen, daß Ihr Zuhörer nicht nur hört, was Sie sagen, sondern auch »sieht«, worum es geht. Beschreibende Worte helfen dem Zuhörer, sich bildliche Vorstellungen zum Thema zu machen.

Schauen Sie sich diese beiden Sätze an:

»Defizite haben schlimme Folgen für die Wirtschaft.«

»Defizite verbreiten ein durchdringendes, zerstörerisches Gift im Blutkreislauf der Wirtschaft.«

Der erste Satz ist langweilig, fade, uninteressant; er erzeugt keine bildliche Vorstellung. Der zweite besteht aus einer Metapher. Man hört zu und nimmt besser auf, was gesagt wird, weil der Satz ausdruckskräftig und farbig ist. Und da man sich bei diesen Worten ein Bild machen kann, erinnert man sich auch an die Botschaft.

In allen Formen der täglichen Kommunikation ist Bildhaftigkeit von Vorteil. Kürzlich beobachtete ich ihre Wirkungen sogar während einer Flugreise. Sie wissen, was die Stewardessen normalerweise bei der Landung sagen: »Bitte bleiben Sie angeschnallt, bis das Flugzeug völlig stillsteht.« Diese Worte gehen in das eine Ohr hinein und aus dem anderen heraus.

Aber diesmal spitzte ich die Ohren, als die Stewardeß sagte: »Wenn Sie sich die Peinlichkeit ersparen wollen, im Gang zu stürzen, bleiben Sie bitte angeschnallt, bis das Flugzeug stillsteht.«

Es gab ein großes Gelächter, und die Passagiere blieben sitzen.

Wenn Sie Ihre 30-Sekunden-Botschaft vorbereiten, überlegen Sie sich beschreibende Worte, durch die Sie ein Bild für Ihren Zuhörer entwerfen können. Worte rufen Vorstellungen hervor, ob Sie nun über einen Hund oder eine Brezel sprechen. Durch Bildhaftigkeit können Sie Ihre Botschaft farbig, interessant und einzigartig gestalten. Tatsächlich bereitet die Verwendung einer bildhaften Sprache beim Vorbereiten der 30-Sekunden-Botschaft wohl am meisten Freude, denn dadurch wird man zu sprachlicher Kreativität angeregt.

Klarheit

Ein Hauptproblem der Kommunikation, insbesondere in der Geschäftswelt, liegt bereits im Verstehen dessen, was eine andere Person sagt. Leute verschiedener Unternehmen und Industriezweige sprechen oft verschiedene Sprachen. Sie reden irgendeinen gruppeninternen Jargon. Sogar innerhalb des gleichen Unternehmens habe ich schon Verständigungsschwierigkeiten aufgrund solcher »Sprachprobleme« erlebt.

In einem meiner Seminare arbeitete ein Manager eines Telefonunternehmens eine 30-Sekunden-Botschaft aus, die den folgenden Satz enthielt: »Duplikation von Abnehmerapparaten durch spezialisierte Konsumenten erhöht die Betriebskosten.« Ich war fasziniert und gleichzeitig verwirrt. Daher bat ich um eine Übersetzung. Er hatte diesen Sachverhalt ausdrücken wollen: »Sie bezahlen mehr für Ihre Telefonanlage, wenn Sie die vorhandenen technischen Einrichtungen durch Firmen, die von der Telefongesellschaft unabhängig sind, verdoppeln lassen.« Das konnte ich nun verstehen.

Viele Leute glauben anscheinend, es sei notwendig, Fremdwörter, Fachbegriffe und komplizierte Sätze zu verwenden, um gebildet zu wirken. Das Gegenteil ist der Fall. Nur jemand, der sein Thema *wirklich* versteht, kann das, was er sagen will, in klarer und einfacher Sprache ausdrücken. Der schnellste Weg, um seinen Zuhörer einzuschläfern, ist, zu ihm in einer Sprache zu sprechen, die er nicht versteht.

Hier ist ein Teil der 30-Sekunden-Botschaft, die dieser Manager eines Telefonunternehmens vorbereitet hatte, um ein für seine Kunden wichtiges Thema, die »Umgehungsleitungen« zu erläutern:

»Der Begriff Umgehungsleitungen bezieht sich auf die Anwendung des Telekommunikations-Services, inklusive Mikrowellen, Radio, optische Fiber-Systeme, Satelliten, und Kabelfernsehen unter Umgehung des lokalen Telefonnetzes. Durch die Umgehung der normalen Leitungen entstehen Einnahmeverluste und Kostenerhöhungen für die ansässigen Konsumenten.«

Und so lautete die Botschaft, nachdem er sie im Hinblick auf größere Klarheit überarbeitet hatte:

»Stellen Sie sich Ihr örtliches Telefonunternehmen im Vergleich zu einer Mautbrücke vor: Die Unterhaltskosten der Brücke belaufen sich unabhängig von der Verkehrsdichte auf 200 000,– DM im Jahr. Für Personenwagen beträgt die Brückenmaut 2,– DM, für Lastwagen 4,– DM. Eine große Firma baut eine neue Brücke nur für Lastwagen, und das Brückengeld beträgt 2,– DM pro Fahrzeug. Alle Lastwagen benutzen die neue Brücke. Die Instandhaltungskosten der alten Brücke betragen aber weiterhin jährlich 200 000,– DM. Darum müssen jetzt die Personenwagen, die bisher 2,– DM bezahlten, höhere Gebühren aufbringen, weil die Lastwagen nicht mehr einen Teil der Kosten tragen. Das ist eine Umgehung. Wenn große Unternehmen ihre eigenen Telefonsysteme bauen und so die örtliche Telefongesellschaft umgehen, dann müssen Sie, die privaten Verbraucher, mehr bezahlen.«

Der Manager hatte nicht nur seinen Standpunkt in klarer, verständlicher Sprache innerhalb von 30 Sekunden vermittelt, sondern er hatte obendrein noch ein Bild gezeichnet, an das sich seine Zuhörer erinnern werden.

In manchen Fällen mögen Fachbegriffe durchaus angebracht sein. Ein Computerverkäufer muß natürlich die Fachausdrücke beherrschen, wenn er einem technisch versierten Kunden etwas verkaufen will. Doch ich möchte es nochmals betonen, es ist unbedingt erforderlich, die Bedürfnisse des Zuhörers zu berücksichtigen. Sie können Ihr Ziel nicht erreichen, wenn Ihr Zuhörer nicht weiß, wovon Sie sprechen. Sie können Ihren Standpunkt, nur dann absolut sicher vermitteln, wenn Sie Ihre Worte und Schilderungen dem Verständnis der Zuhörer entsprechend auswählen.

Personifizierung

Eine der einfachsten und natürlichsten Methoden, um einen gruppenbezogenen Jargon aus Ihrer 30-Sekunden-Botschaft zu verbannen, ist die *Personifizierung,* das heißt das Einflechten eines persönlichen Erlebnisses zur Illustration des Arguments. Wenn sich der Zuhörer mit Ihnen und Ihrem Erlebnis identifizieren kann, wird Ihre Botschaft sehr viel wirkungsvoller.

Ein Manager der Telefongesellschaft AT & T bereitete in einem meiner Workshops eine 30-Sekunden-Botschaft vor, mit der er uns davon überzeugen wollte, warum seiner Meinung nach AT & T besser als die Konkurrenz ist. Sein Hauptargument war, daß man einen AT & T-Telefonisten erreicht, wenn man die Null wählt. Keine andere Telefongesellschaft konnte zu jener Zeit unter der Anwahl Null eine Vermittlungsstelle anbieten. »AT & T ist ein fürsorgliches Unternehmen«, sagte er. »Wir wollen unseren Kunden dienen. Der perfekte Kundendienst ist unser Hauptanliegen. Unser Vermittlungsdienst ist Kennzeichen für die langjährigen Leistungen, auf die AT & T mit Berechtigung stolz ist«, etc., etc., etc.

Nicht allein die Botschaft war langweilig, auch der Sprecher war es. Er wirkte ausdruckslos, schwerfällig und öde. Er hätte den schlimmsten Fall von Schlaflosigkeit heilen können.

Ich bat ihn, sein Thema etwas persönlicher zu gestalten. Was er auch befolgte.

»Vor kurzem«, sagte er, »entzündete mein kleiner Sohn versehentlich ein Feuer in unserer Garage. Ich rannte zum Telefon und wählte die Null. Es meldete sich die Vermittlung, und innerhalb weniger Minuten war die Feuerwehr zur Stelle, und alles war unter Kontrolle. Als ich später darüber nachdachte, wurde mir zum ersten Mal bewußt, wie wertvoll und beruhigend es ist zu wissen, daß ich in einem Notfall die Null wählen kann und einen Vermittler bekomme, der mir weiterhilft. Wir sind das einzige Unternehmen mit diesem Service. Menschen helfen – darum geht es uns bei AT & T. Stehen Sie zu uns und sorgen Sie dafür, daß es so bleibt.«

Der AT & T-Manager betonte den persönlichen Aspekt. Keine Spur mehr von Gemeinplätzen und Überspanntheit. Wir identifizierten uns alle mit ihm, und in weniger als 30 Sekunden hatte er uns den Kern seiner Aussage vermittelt. Darüber hinaus veränderte sich der Sprecher selbst, während er seine Botschaft vortrug. Er schilderte sein persönliches Erlebnis lebhaft, ausdrucksvoll und mit echten Gefühlen – das alles machte seine Botschaft noch wirkungsvoller. Er hätte es nicht besser machen können.

Gefühlsbetontheit – das Herz ansprechen

Am wirkungsvollsten sind Botschaften, die dem Zuhörer ans Herz gehen. Gefühle bewirken Veränderungen. Wenn Sie die Emotionen Ihres Zuhörers ansprechen, wird er für Ihre Worte viel empfänglicher.

Wohltätigkeitsorganisationen verdanken ihre Existenz dem Appell an das Gefühl. Wie oft haben Sie schon einen Scheck ausgeschrieben oder eine Spende gegeben, weil Sie rein gefühlsmäßig angesprochen wurden? Man fühlt sich selbst gut, wenn man anderen Gutes tut. Auch Sie können sich die Technik der Gefühlsbetontheit für Ihre 30-Sekunden-Botschaft zunutze machen. Hier ist ein passendes Beispiel.

Patricia möchte sich selbständig machen. Sie plant, ein eigenes Handarbeitsgeschäft zu eröffnen. Es bedeutet ihr alles. Sie braucht 20 000,– DM. 17 000,– DM hat sie bereits auf ihrer

Bank. Wo kann sie 3000,– DM borgen? Das ist keine große Summe, und Patricia weiß, daß sie jederzeit zu einer Bank gehen kann. Aber es dauert einige Zeit, einen Bankkredit zu beantragen. Sie hat jedoch schon einen geeigneten Platz für ihr Geschäft gefunden und muß schnell handeln.

Sie überlegt, wer von ihren Freunden ihr helfen könnte. Jan, ein Geschäftsmann, der genug Geld für Investitionen besitzt, käme in Frage. Aber Patricias kleiner Laden wäre für ihn nicht besonders interessant, auch wenn sie erfolgreich wäre. Dann erinnert sie sich daran, daß auch Jan ohne viel Kapital angefangen hatte. Er spricht oft darüber, welche großartigen Möglichkeiten dieses Land bietet, wie er aus eigener Kraft etwas aufgebaut hat und seine Träume Wirklichkeit geworden sind. Das ist die Lösung! Patricia entschließt sich, Jan zu sagen, daß er ihr helfen kann, *ihre* Träume zu verwirklichen.

Sie verabredet sich mit ihm. Sie plaudern ein wenig, und dann kommt Patricia auf den Zweck ihres Besuchs zu sprechen, ihre 30-Sekunden-Botschaft.

»Jan, ich habe einen Traum. Ich möchte mein eigenes Handarbeitsgeschäft eröffnen. Du weißt, ich verfüge über Erfahrungen in dieser Branche, und ich bin bereit, hart zu arbeiten. Ich habe einen guten Standort für meinen Laden gefunden und ich habe 17 000,– DM Startkapital. Aber ich brauche noch 3000,– DM zusätzlich. Sicherlich kannst du dich an jemanden erinnern, der dir geholfen hat, deine Träume zu verwirklichen. Ich brauche deine Hilfe, damit *mein* Traum wahr wird.«

Patricia wußte, was sie wollte und wer es ihr geben konnte. Sie suchte und fand einen Weg, Jan zu erreichen, indem sie die Technik der Gefühlsbetontheit anwendete. Jan hatte das Herz am richtigen Fleck: Patricia bekam das Darlehen. – Auch *Sie* können ohne Schwierigkeiten das gleiche tun wie Patricia. Sie werden überrascht sein, wie gut es funktioniert.

In 30 Sekunden – oder noch schneller

Bildhaftigkeit, Klarheit, Personifizierung und Gefühlsbetontheit verleihen Ihrer 30-Sekunden-Botschaft Ausdruckskraft und bewirken, daß das Gesagte in der Erinnerung des Zuhörers bleibt.

Bildhaftigkeit: Denken Sie in Bildern und verwenden Sie beschreibende Worte, an die sich Ihr Zuhörer erinnert.

Klarheit: Benutzen Sie eine klare und einfache Sprache, die Ihr Zuhörer versteht.

Personifizierung: Bringen Sie persönliche Erlebnisse ein, mit denen sich Ihr Zuhörer identifizieren kann.

Gefühlsbetontheit: Sprechen Sie das Herz Ihres Zuhörers an. Er wird dann für Ihre 30-Sekunden-Botschaft empfänglicher.

Kapitel 9
Sie stehen im Rampenlicht

Louis Armstrong sang ein wunderschönes altes Lied mit dem Titel »Watcha Say« in dem Film »Pillow to Post« aus dem Jahre 1945. Die erste Zeile dieses Lieds lautet »Es geht nicht darum, *was* du sagst, sondern *wie* du es sagst.«

Man kann nicht leugnen, daß es manchmal wichtiger ist, *wie* man etwas sagt, als *was* man sagt. Sie haben jetzt bereits die drei grundlegenden Prinzipien der 30-Sekunden-Botschaft gemeistert und sind mit den anderen Strategien und Techniken, die Ihnen helfen können, Ihren Standpunkt überzeugend zu vertreten, vertraut. Nun ist es an der Zeit, zu überlegen, *wie* Sie diese wirksame neue Methode einsetzen und *wie* Sie sich selbst darstellen wollen.

Der erste Eindruck

Fast immer ist der erste Eindruck der dauerhafteste. Und wenn der erste Eindruck nicht gut ist, verlieren Sie eine Chance, die vielleicht niemals wieder kommt.

Letztes Jahr mußte ich einen Meniskusriß am Knie operieren lassen. Mein Internist schickte mich zu drei Chirurgen, alle drei Experten für die Operation, die ich brauchte. Die Begegnungen mit diesen Ärzten dauerten nur wenige Minuten, wie sollte ich da meine Auswahl treffen? Meine Entscheidung konnte sich nur auf den ersten Eindruck gründen. Ich suchte den Arzt aus, der mir am besten gefiel, der mich am meisten beeindruckte. Ich entschied mich nicht für die Operation, ich entschied mich für den Arzt.

Wie entscheiden sich die meisten Leute für die Politiker, die sie wählen? Die Kandidaten sagen im Fernsehen alle das gleiche – darum wählen die Leute diejenigen, die ihnen gefallen, die sie für aufrichtig und vertrauenswürdig halten. Sie wählen meist nicht die Politik eines Politikers, sondern sie wählen den Politiker.

Wenn Sie jemanden in Ihrem Unternehmen befördern wollen und dies eine Entscheidung zwischen drei gleichermaßen qualifizierten Leuten ist, wählen Sie denjenigen, der den besten Eindruck auf Sie gemacht hat. Und Sie können darauf wetten, daß auf die gleiche Weise entschieden wird, wenn Sie selbst einer der Kandidaten sind, die für eine Beförderung in Betracht kommen.

Ihre gesamte Erscheinung und Ihr persönlicher Stil bilden den ersten Eindruck, den Sie abgeben. Eine präzise 30-Sekunden-Botschaft ist die beste Garantie dafür, die Aufmerksamkeit Ihres Zuhörers zu erwecken und zu fesseln. Aber der Zuhörer schaut Sie auch an und verschafft sich einen Eindruck, der Ihnen helfen kann, Ihr Anliegen überzeugend zu vertreten.

Stellen Sie sich vor, Sie bekommen ein Geschenk – einen goldenen Füllhalter. Hätten Sie es lieber, wenn man Ihnen den Füllhalter ganz schmucklos übergibt, oder würden Sie es vorziehen, ihn in einer attraktiven Schachtel mit einer Schleife verpackt entgegenzunehmen? Was ist spannender, ungewöhnlicher und befriedigender? Je besser Sie auftreten und je besser Sie Ihr Produkt – sich selbst – präsentieren, desto erfolgreicher werden Sie sein.

Auftreten und Stil

Ralph Waldo Emerson schrieb: »Der Stil eines Menschen ist Ausdruck seiner inneren Einstellung.« Er äußerte sich damit zur Individualität des Menschen. Emerson hatte erkannt, daß Aussehen und Verhalten nonverbale Botschaften sind, die unendlich viel darüber aussagen, was für ein Mensch man ist. Wir alle übertragen eine Vielzahl von nonverbalen Botschaften, während wir sprechen. Beim Zuhören sehen wir und bilden entsprechende Urteile. Doch es ist eine traurige Tatsache, daß wir meist nicht genau wissen, wie wir beim Reden aussehen – und wir sind uns nicht bewußt, welchen Eindruck wir bei anderen erwecken. Deshalb ist die gründlichste Vorbereitung einer 30-Sekunden-Botschaft vergeudete Zeit, wenn man nicht ebensoviel Aufmerksamkeit der Darbietung dieser Botschaft widmet. Hier ist ein Beispiel:

In einem meiner Kurse trug ein Manager seine 30-Sekunden-Botschaft vor, die er perfekt vorbereitet hatte. Er kannte sein Ziel und sein Thema. Er verwendete einen provozierenden Aufhänger. Er forderte, was er haben wollte. Er brachte sogar etwas Humor in seine Bemerkungen. Aber beim Reden stand er einfach nur so da, die Augen gesenkt. Mit monotoner Stimme leierte er seine 30-Sekunden-Botschaft herunter, als ob er sie auswendig gelernt hatte – was auch zutraf. Die anderen Kursteilnehmer reagierten nicht gerade begeistert. Mit seiner nonverbalen Botschaft hatte er die verbale verdorben.

Diese Darbietung führte uns in eine für das Seminar typische Kritik und Diskussion der gestischen und mimischen Verhaltensformen. Wir stellten die folgende Liste zusammen:

- Gesichtsausdruck, einschließlich Blickkontakt
- Haltung, Gestik und Bewegungen
- Stimmführung
- äußere Erscheinung und Kleidung

All das gehört zu Ihrem persönlichen Stil und kann einen günstigen – oder ungünstigen – Eindruck erwecken. Und bitte beachten Sie die Regel: »*Wie* man es sagt«, gilt für die Gesamtheit Ihrer Unterhaltungen und Darbietungen – genauso wie für die entscheidenden 30 Sekunden.

Lächeln

Nach meinen Erfahrungen ist von unseren vielen verschiedenen Gesichtsausdrücken das Lächeln am wichtigsten. Es ruft Vertrauen und Verständnis hervor. Nichts erzeugt ein wärmeres Gefühl als ein echtes Lächeln. Aber täuschen Sie sich nicht: Wenn Sie das Lächeln erzwingen, merkt Ihr Zuhörer, daß es falsch ist. Um überzeugend lächeln zu können, denken Sie einfach an etwas Amüsantes. Noch besser ist, wenn Sie in Ihre 30-Sekunden-Botschaft etwas Humor bringen. Wenn Sie Vergnügliches mit einem Lächeln vortragen, wird Ihr Zuhörer in neun von zehn Fällen mit Ihnen lächeln.

Manchmal wird mir gesagt: »Aber man kann doch nicht in einer ernsthaften Diskussion lächeln.« Darauf pflege ich zu antworten, daß in einer schwierigen Unterredung Lächeln nicht nur gut, sondern geradezu zwingend erforderlich ist. Wenn alles, was Sie sagen, ernst ist, gibt es keine Abwechslung, keinen Kontrast. Wenn Ihr Gesichtsausdruck gleichbleibend langweilig, freundlich oder düster ist, gibt es keine Abwechslung, keine Gegensätze. Wenn Musik nur aus einem Ton bestünde, würden Sie sie nicht anhören oder gar mögen. Das trifft genauso für Ihre Worte und Mimik zu, wenn sie nur eine Ausdrucksweise haben.

Der Kontrast ist alles. Wie ein Lächeln in einer ernsten Diskussion einen Kontrast schafft und das Thema spannender macht, erkennen Sie an dem folgenden Beispiel. Lesen Sie diesen Satz laut:

»Viele Geschichten über Kinder sind amüsant, aber Geschichten über mißhandelte Kinder sind erschreckend.«

Nun lesen Sie den Satz noch einmal. Lächeln Sie diesmal bei den Worten *sind amüsant* und werden Sie bei den danach folgenden Worten ernst. Probieren Sie es vor einem Spiegel aus. Sie werden feststellen, daß ein Lächeln während der ersten Satzhälfte den zweiten Teil viel dramatischer erscheinen läßt.

Ein Lächeln zu Beginn Ihrer 30-Sekunden-Botschaft und am Schluß erzeugt einen guten ersten und letzten Eindruck. Lächelnd sieht jeder vorteilhafter aus – eine gute Art, sich beim Zuhörer vorzustellen und eine ebenso gute Art, ihm für seine Aufmerksamkeit zu danken.

Durch Blickkontakt werden ebenfalls nonverbale Botschaften übertragen. Ein Sprecher, der nur ins Leere starrt oder seinen Blick fest auf seine Schnürsenkel heftet, gewinnt wenig Aufmerksamkeit oder Vertrauen. Tatsächlich zeigt er dadurch seinen Mangel an Selbstsicherheit. Beim Reden vor einer Gruppe ist es ziemlich einfach, Blickkontakt herzustellen. Sie brauchen nur Ihren Kopf erhoben zu halten und die Blickrichtung zu variieren. Viele empfinden es als schwieriger, bei einem Zweiergespräch dem Zuhörer direkt in die Augen zu sehen. Manchmal fühlt sich auch der Zuhörer unbehaglich, wenn er direkt angeschaut wird. Wenn Sie dies spüren, sollten Sie dennoch den Gesprächspartner weiterhin ansehen. Direkter Blickkontakt ist nämlich ein hervorragendes Mittel, um einen bestimmten Punkt zu betonen und die eigene Aufrichtigkeit unter Beweis zu stellen.

Sie können mit Ihrem Gesicht Humor, Überraschung, Verwirrung, Betroffenheit – also die volle Bandbreite Ihrer Gefühle – ausdrücken und damit die Wirkung und Bedeutung Ihrer 30-Sekunden-Botschaft steigern. Vielfältige Ausdrucksformen sind der Schlüssel dafür, sich die Aufmerksamkeit Ihres Zuhörers zu erhalten. Niemand möchte für längere Zeit auf eine leere Wand – oder ein ausdrucksloses Gesicht – schauen. Und denken Sie daran, Sie können Ihr Aussehen nicht verändern, wenigstens nicht ohne kosmetische Operation, aber Sie können das Mimenspiel lernen und zu Ihrem Vorteil einsetzen.

Bewegungen, Gesten, Haltung, Mimik

Ihre Bewegungen, Gesten und Haltung sind ebenso verräterisch wie Ihr Gesichtsausdruck. Um dies zu beweisen, machte ich kürzlich in einem Seminar ein Experiment. Nachdem ich einer jungen Dame meine speziellen Anweisungen zugeflüstert hatte, trug sie unserer Gruppe eine ausgezeichnete 30-Sekunden-Botschaft vor. Ihre Mimik war lebhaft, sie hatte Blickkontakt mit den Zuhörern, aber beim Sprechen drehte sie ununterbrochen an ihrem Ehering. Keiner in der Gruppe konnte sich daran erinnern, was sie gesagt hatte. Alle Augen, alle Aufmerksamkeit waren auf diesen Ehering gerichtet.

Ich bat die junge Frau, ihre Botschaft noch einmal vorzutragen, jedoch ohne irgendwelche Gesten oder Bewegungen. Sie stand einfach stocksteif da, aber diesmal hatten die anderen durchschaut, worum es mir ging, und fingen an zu lachen. Überhaupt keine Bewegungen sind genauso störend wie bedeutungslose Bewegungen. Schließlich brachte die junge Frau ihre Botschaft zum dritten Mal. Sie wirkte lebhaft, aber entspannt und locker. Und wenn sie sich bewegte oder gestikulierte, dann nur, um ihre Aussagen zu unterstreichen. Ihre Sprache und ihr Verhalten waren perfekt aufeinander abgestimmt und hinterließen einen überzeugenden Eindruck. Die Lehre war nun für jeden ersichtlich: Bei einer 30-Sekunden-Botschaft sprechen Bewegungen genauso deutlich wie Worte.

Ihre Haltung – beim Sitzen oder Stehen – überträgt eine doppelte nonverbale Botschaft: Sie verrät, wie Sie sich selbst *und* Ihre Zuhörer einschätzen. Wenn Sie sich gehenlassen, zeigen Sie Gleichgültigkeit hinsichtlich Ihrer eigenen Erscheinung und Wirkung auf andere. Wenn Sie steif und verspannt sind, zeigen Sie Beklemmung und Unsicherheit. Natürlich sind beides Extreme, und ich meine, daß man in fast jeder Lage den goldenen Mittelweg anstreben sollte – entspannt, aber nicht zu entspannt; aufmerksam, aber nicht übereifrig sein – auch wenn man in einer anderen Stimmung ist. Selbstbewußtsein heißt das Geheimnis. Wenn Ihnen bewußt ist, wie Sie auf andere wirken, dann können Sie dieses Wissen gezielt einsetzen, um so zu wirken, wie Sie es *wollen*.

Laut und deutlich sprechen

Auch der beste Pianist der Welt kann nicht auf einem verstimmten Klavier oder einer Tastatur mit nur einem Ton ein großes Konzert geben. Ihre Stimme ist *Ihr* Instrument. Ihre Lautstärke, ihr Klang, ihre Tonhöhe, ihre Ausdrucksfähigkeit und die Geschicklichkeit, mit der Sie sie einsetzen – all dies enthüllt Ihre eigene Einstellung und beeinflußt die Reaktion des Zuhörers auf Ihre 30-Sekunden-Botschaft. Wenn Sie Ihre Botschaft mit einer monotonen Stimme vortragen, wird sich Ihr Zuhörer langweilen. Wenn Ihre Stimme schrill klingt oder wenn Sie zu schnell sprechen, zeigen Sie, daß Sie sich unbehaglich fühlen, und Sie übertragen dieses Gefühl auf den Zuhörer. Alles, was Ihren Zuhörer durch Ihre Stimme, Ihren Gesichtsausdruck oder Ihre Bewegungen ablenkt, vermindert die Wirksamkeit Ihrer 30-Sekunden-Botschaft.

Der berühmte Schauspieler Richard Burton unterhielt und verblüffte sein Publikum, indem er aus dem Telefonbuch vorlas und dabei die Illusion erweckte, er läse Shakespeare. Abraham Lincoln, sagt man, hielt die denkwürdige Gettysburg-Rede in einem kaum hörbaren Flüsterton. Ich würde beides nicht empfehlen. Sie halten keine Rede, sie *sprechen* mit Ihrem Zuhörer. Deshalb sollten Sie sich bemühen, die Stimmqualitäten zu pflegen, die einer Unterhaltung angemessen sind: Begeisterung, Abwechslung, Natürlichkeit und Aufrichtigkeit. Wenn Sie an das glauben, was Sie sagen, so wird Ihre Stimme dies ausdrücken und Ihr Zuhörer wird Ihnen auch glauben.

Kleidung

Niemand kann leugnen, daß die Kleidung und die Art, wie man sie trägt, deutliche Zeichen setzen. Abgesehen davon, daß sie uns warm und trocken hält und unsere Blöße schützt, ist sie auch Ausdruck unserer Persönlichkeit. Unsere Kleidung und Accessoires zeigen unseren Status an, wofür wir uns halten oder was andere von uns halten sollen. Die Schwierigkeit ist, daß diese wichtige Mitteilung manchmal verlorengeht oder falsch interpretiert wird; manchmal ist sie aber auch einfach nur unpassend.

Ich habe festgestellt, daß während meiner Seminare beim Thema Kleidung die Gespräche mit Geschäftsleuten – Männern und Frauen – gewöhnlich um zwei Punkte kreisen: Wie man sich durch Kleidung anpaßt und wie man sich durch sie hervorhebt. Anders formuliert: Was muß man tragen, um Teil der Menge zu sein, ohne aber in der Menge zu verschwinden? Oberflächlich gesehen scheint dies eine widersprüchliche Frage zu sein. Doch sie ist es nicht wirklich. Dann nämlich nicht, wenn Sie sich kennen, wissen, wo Sie sind, wer Sie sein wollen und wohin Sie gehen wollen. Mit diesem Bewußtsein haben Sie schon den halben Weg geschafft.

Die Mode ändert sich ständig, und die erste Regel über richtige Kleidung, Accessoires und Frisuren ist, daß es *keine* Regel gibt. Wie Sie sich zurechtmachen, liegt bei Ihnen. Wenn Sie sich in Ihrer Haut wohlfühlen, fühlen Sie sich in jeder Aufmachung wohl. Wenn Sie aber versuchen, jünger oder älter als Sie sind zu erscheinen, wenn Sie wie jemand aussehen wollen, der Sie ganz offensichtlich nicht sind, dann werden weder Sie selbst noch alle anderen sich wirklich wohlfühlen.

Es ist immer gut, Extreme zu vermeiden, es sei denn, Sie arbeiten im Showgeschäft. Man sollte auch versuchen, sich nicht gleich von der neuesten Modewelle überrollen zu lassen, wenn auch viele den »letzten Schrei« tragen. Sie sollten die Mode und die Farben wählen, die Ihnen am besten stehen und am vorteilhaftesten für Sie sind. Zuerst müssen Sie sich selbst gefallen. Aber sofern Sie nicht in einer einsamen Höhle wohnen, sollten Sie darauf achten, daß zu bestimmten Zeiten und an bestimmten Orten die Meinung anderer Leute über Ihr Aussehen und Ihre Kleidung genauso wichtig wie Ihre eigenen Vorlieben sind, vielleicht sogar noch wichtiger.

Ich, zum Beispiel, fühle mich am wohlsten in einem weißen Hemd, einer weißen Hose mit farbenprächtigem Gürtel und weißen Schuhen. Aber so kleide ich mich nicht für die Arbeit. Ich kenne den Leiter eines bedeutenden Unternehmens, der in seinem Büro eine Baseball-Kappe trägt – außer wenn er sich mit seinen Vorstandsmitgliedern trifft. Ein dreiteiliger, grauer Flanellanzug ist passend in New York, aber in Houston oder Singapur ist er vielleicht nicht angebracht. Man möchte nicht immer wie alle anderen aussehen. Haben Sie Phantasie und versuchen Sie, sich durch extravagante Kleinigkeiten etwas abzusetzen. Sie können konservativ sein und trotzdem eine farblich ansprechende Krawatte oder ein passendes Einsteck-tuch, eine attraktive Bluse oder ein farbiges Hemd tragen. Doch denken Sie daran, daß Ihre Kleidung anderen als erstes auffällt. Wenn Sie etwas anziehen, das die Aufmerksamkeit ganz von Ihnen selbst ablenkt, haben *Sie* den Nachteil. Ihre Kleidung und Ihr persönliches Auftreten sprechen für Sie, noch ehe Sie ein Wort gesagt haben. Daher ist es selbstver-ständlich, daß man nur die Signale gibt, die man auch wirklich geben will. Alles andere stört nur.

Bei meiner Arbeit mit Leuten aus den verschiedensten Unter-nehmen und Berufsgruppen in vielen Teilen der Welt betone ich im Hinblick auf Kleidung und persönliches Aussehen immer wieder einen entscheidenden Punkt. Auf lange Sicht gesehen ist es unwichtig, wie teuer Ihre Garderobe ist, wie altmodisch oder modern, solange Sie einen *gepflegten* Ein-druck machen. Wenn Sie sich selbst die Achtung erweisen und sich sorgfältig um gutes Aussehen bemühen, dann wird Ihnen auch von anderen entsprechend Achtung erwiesen. Wenn Sie sich nicht ganz sicher sind, was Sie am besten klei-det, machen Sie sich die Mühe, es herauszufinden. Bitten Sie entweder Freunde oder Fachleute um Rat. Auch das zeigt Ihre Selbstachtung.

Tricks aus der Zauberkiste

Als ich in einem meiner Seminare einer Gruppe von Geschäftsleuten erläuterte, wie wichtig es ist, daß gestischer und mimischer Ausdruck mit der 30-Sekunden-Botschaft übereinstimmen, sagte ein Mann: »Ich dachte, wir sind hier, um zu lernen, wie man sich anderen mitteilt und nicht, wie man Schauspieler wird.«

Ich war deswegen nicht verärgert. Tatsächlich gab mir diese Bemerkung Anlaß hervorzuheben, daß wirksame Kommunikation tatsächlich eine Form der Schauspielkunst ist. Jeder Schauspieler lernt früh in seiner Laufbahn, wie wichtig Gesichtsausdruck und Körpersprache sind. Er lernt, seine Stimme gezielt einzusetzen und sich für die Rolle zu »verkleiden«. Wenn er es nicht lernt, besteht keine Hoffnung, daß er jemals eine Rolle spielen und das Anliegen des Autors vermitteln kann. Und so wie es Tricks in der Schauspielerei gibt, so gibt es bestimmte Kniffe, die Sie lernen können, um Ihre Botschaft überzeugend vorzutragen.

Ihr Gesicht

Ein Schauspieler probt seine Mimik genauso wie seinen Text. Der schwierigste Teil für ihn ist, sich völlig in eine Rolle hineinzuversetzen und gleichzeitig natürlich zu wirken. Weil in Ihrem Fall die Figur, die Sie verkörpern, Sie selbst sind, können Sie es sich keinesfalls leisten, daß Ihr Gesichtsausdruck gezwungen oder unnatürlich erscheint. Spontaneität und Aufrichtigkeit sind Ihre Ziele. Sie müssen Sie selbst sein. Am besten erreichen Sie dies durch folgende Regeln:

- Bereiten Sie sich vor.
- Lernen Sie nicht auswendig.
- Bringen Sie den persönlichen Bezug mit ein.
- Wählen Sie Ihre Aussagen sorgfältig aus.

Wenn Sie nicht wissen, wie Sie beim Sprechen wirken, üben Sie vor einem Spiegel. Sie können besser einschätzen, wie überzeugend Sie sind, wenn Sie wissen, wie Ihr Gesicht während Ihrer 30-Sekunden-Botschaft aussieht.

Körpersprache

Ein entscheidender Punkt der Schauspielkunst besteht darin, mit dem Körper eine Handlung auszuführen oder ein Gefühl zu vermitteln. Charlie Chaplin, der berühmte Stummfilmstar, spielte unvergeßliche Rollen und stellte unglaublich komische Szenen dar, ohne auch nur eine einzige Zeile zu sprechen.

Ihre Bühne ist dagegen viel kleiner, vielleicht ein Büro oder Konferenzraum. Und Sie bemühen sich darum, natürlich zu sein, und nicht etwa komisch oder dramatisch. Aber wie tragen Sie Ihre 30-Sekunden-Botschaft am besten vor – sitzend oder stehend? Wann immer Sie die Wahl haben, sprechen Sie im Stehen. Das ist immer günstiger, denn dann können Sie sich freier bewegen, wenn Sie eine Aussage besonders unterstreichen wollen.

Sie können sich nicht wie ein Schauspieler täglich in Filmen oder Probeaufnahmen sehen. Doch mit einem einfachen Videogerät können Sie feststellen, wie Sie auf andere wirken. Aus diesem Grunde setze ich Videokameras in allen meinen Seminaren ein. Es ist immer eine verblüffende Erfahrung, wenn man sich selbst zum ersten Mal auf dem Bildschirm sieht. »Ich sehe ja schrecklich aus!« »Bin ich das?« »Habe ich das wirklich getan?« Dies sind einige der typischen Reaktionen. Wir sehen anders aus und klingen anders, als wir uns das vorstellen. Aber wenn man erst einmal weiß, wie man optisch und akustisch wirkt, kann man gezielt daran arbeiten, sein Auftreten zu verbessern.

Heute sind Videoausrüstungen für jedermann erschwinglich oder leicht zugänglich. Meiner Meinung nach bieten sie eine nicht zu übertreffende Gelegenheit zum Lernen. Ich vergesse niemals Robert, einen meiner Kursteilnehmer, der mich darum bat, ihm das Videoband zu überlassen. »Milo«, sagte er, »dieses Seminar war unglaublich wertvoll für mich. Ich habe wirklich etwas gelernt.« »Mein Trainingsprogramm ist gut«, dachte ich mir und war sehr stolz auf mich. »Könnten Sie das noch genauer erläutern«, bat ich bescheiden. »Was haben Sie gelernt?« »Nachdem ich die Videoaufnahmen gesehen habe, habe ich gelernt«, sagte Robert »daß ich unbedingt 50 Pfund abnehmen muß.«

Ihre Stimme

Die Stimme ist das wichtigste Werkzeug eines Schauspielers – das kann auch für Sie gelten. Viele Leute wissen nicht, wie sie aussehen, und noch weniger können sich vorstellen, wie sie sich anhören. Wenn Sie ein paar Minuten auf Band sprechen und sich dann Ihre Aufnahme anhören, erleben Sie vielleicht eine Offenbarung, was Ihre Stimme betrifft. Sie merken sofort, wenn die Stimme nicht genug Klang oder Ausdruckskraft hat, ob sie vielleicht zu laut oder zu leise ist. Artikulieren Sie Ihre Worte deutlich? Betonen Sie richtig? Falls nicht, üben Sie das laute Sprechen.

Eine der besten Methoden, einen wichtigen Satz in Ihrer 30-Sekunden-Botschaft zu betonen, besteht darin, die letzten Worte sehr leise zu sprechen. Lassen Sie uns dies mit dem folgenden Satz versuchen. Sprechen Sie den ersten Teil mit normaler Lautstärke und flüstern Sie die letzten drei Worte.

> *Wenn ich etwas betonen möchte, ...*
> *spreche ich leise.*

Wird diese Technik angewendet, so kann man oft beobachten, daß die Zuhörer sich tatsächlich nach vorne beugen, um die

Worte besser zu hören. Man hat damit ihre Aufmerksamkeit vollkommen gefesselt.

Ein anderes Mittel mit ähnlichem Effekt ist die Pause. Die Pause ist eine der wichtigsten sprachlichen Gestaltungsformen, weil man mit ihr viel erreichen kann. Sie hilft Ihnen, eine Aussage hervorzuheben. Sie gibt Ihnen Zeit zum Nachdenken. Sie bietet Ihrem Zuhörer die Gelegenheit, das Gesagte zu hören, aufzunehmen und zu behalten. Sie ermöglicht es Ihnen festzustellen, ob der Zuhörer Sie versteht.

Natürlich kann man in einer 30-Sekunden-Botschaft nicht eine Pause von 15 Sekunden einlegen. Wenn Sie aber an einer wichtigen Stelle für eine oder zwei Sekunden innehalten, wird Ihre Botschaft spannender.

Lesen Sie den folgenden Satz laut und machen Sie eine Pause nach dem Wort durch:

Die Aufmerksamkeit meines Zuhörers kann ich am besten gewinnen durch . . . eine Pause.

Wenn Sie diese Technik in Ihrer 30-Sekunden-Botschaft anwenden, stellen Sie fest, wie genau Ihr Zuhörer dank dieser kurzen Pause aufpaßt. Er ist auf den Rest des Satzes gespannt.

Die Anwendung der beschriebenen verbalen und nonverbalen Mittel zur Darbietung einer 30-Sekunden-Botschaft machen Sie zu einem überzeugenden Sprecher. Aber denken Sie daran: Ihr Ziel ist es, natürlich zu sein – Sie selbst zu sein.

Die Regeln für die sprachlichen und außersprachlichen Teile einer 30-Sekunden-Botschaft sind im Grunde gleich. Sie müssen Ihr Ziel, Ihren Zuhörer und Ihr Vorgehen kennen. Wählen Sie die Worte, die bei Ihrem Zuhörer den besten Eindruck erwecken und Ihnen helfen, Ihre Zielvorstellung zu erreichen. Dann prüfen Sie, ob Ihre optische Erscheinung die gewünschte Wirkung der Worte unterstützt.

In 30 Sekunden – oder noch schneller

Der erste Eindruck ist oft der bleibende Eindruck. Sorgen Sie dafür, daß dies ein guter Eindruck ist.

Wie Sie Ihre 30-Sekunden-Botschaft vortragen, ist häufig wichtiger als das, was Sie sagen.

Wenn Ihr Gesichtsausdruck, insbesondere das Lächeln, aufrichtig und den Worten angepaßt ist, wirkt Ihre 30-Sekunden-Botschaft überzeugender.

Ihre Bewegungen, Gesten und Ihre Körperhaltung sollen die Aufmerksamkeit des Zuhörers auf Ihre 30-Sekunden-Botschaft hinführen, nicht davon ablenken.

Bemühen Sie sich, beim Vortragen der 30-Sekunden-Botschaft Ihrer Stimme die Qualität zu geben, die sie normalerweise in einer angeregten Unterhaltung hat – Lebhaftigkeit, Begeisterung, Abwechslung, Natürlichkeit und Aufrichtigkeit.

Kleidung und persönliche Erscheinung sind auffallende Merkmale. Sorgen Sie dafür, daß sie den von Ihnen gewünschten Eindruck vermitteln.

Seien Sie Sie selbst.

Kapitel 10
Einer oder tausend

Wieviele Male haben Sie schon an einer Sitzung teilgenommen, bei der ein Sprecher endlose, monotone Reden gehalten hat und Sie es kaum mehr ertragen konnten? Vor einiger Zeit war ich in Australien zu einem Diner für eine wichtige politische Persönlichkeit geladen. Der Herr redete beinahe 45 Minuten. Jedoch redete er nicht wirklich. Er las seine Rede ab, nahezu ohne von seinem Manuskript aufzublicken. Zwischen ihm und seinen Zuhörern entstand keine Verbindung. Später konnte sich niemand daran erinnern, was er gesagt hatte. Es war eine Zeitverschwendung für das Publikum und eine versäumte Gelegenheit für den Sprecher.

Ich werde niemals vergessen, wie einmal in Singapur ein Redner, der bereits einige von uns in Schlaf versetzt hatte, plötzlich aufhörte zu sprechen, ohne ein Wort vom Podium herabstieg und den Raum verließ. Wir waren perplex. Alle waren jetzt hellwach. Was hatte er vor? Was war geschehen? Die Leute begannen, miteinander zu sprechen. Fünf Minuten vergingen. Dann hörten wir alle aus dem an die Halle grenzenden Nebenraum ein Geräusch: die Spülung einer Toilette. Die Zwischengespräche hörten auf, als der Redner zurückkehrte und seine Ansprache fortsetzte, als ob nichts geschehen wäre. Ich glaube, er hat keinen einzigen Satz ausgelassen. Und er bekam die volle Aufmerksamkeit seiner Zuhörer.

Mehr als 30 Sekunden

Das Fernsehen hat etliche Regeln des öffentlichen Sprechens verändert. Die besten Redner sind heute jene, die mit ihrem Publikum zu einer ähnlichen Vertrautheit kommen wie das Fernsehen. Sie sind natürlich und glaubwürdig. Sie wissen, daß es im Grunde dasselbe ist, ob man nun zu tausend Leuten spricht oder zu einer einzigen Person. Es werden im Grunde die gleichen Redetechniken angewendet.

Wenn Sie nun aber wissen, daß die natürliche Aufnahmefähigkeit eines Publikums ungefähr 30 Sekunden beträgt, wie können Sie dann die Aufmerksamkeit Ihrer Zuhörer gar zwei, drei, fünf oder zehn Minuten gewinnen? Wenn Sie sich Ihre Rede als eine erweiterte 30-Sekunden-Botschaft vorstellen, ist das nicht so schwierig. Schon bevor Sie Ihre Ansprache vorbereiten, kennen Sie Ihre Zielvorstellung, Ihre Zuhörer, Ihre Vorgehensweise. Überlegen Sie sich Möglichkeiten, um das *Was, Wer, Wo, Warum, Wann* und *Wie* in Ihr Thema miteinzubeziehen. Wählen Sie einen provozierenden Aufhänger und einen wirkungsvollen Abschluß. Wenn Sie Ihre Rede ausarbeiten, benutzen Sie eine klare, bildhafte Sprache, schildern Sie persönliche Anekdoten und Erlebnisse, und appellieren Sie an die Gefühle der Zuhörer, um Ihr Ziel zu erreichen.

Nachdem Sie Ihre Rede als Ganzes aufgebaut haben, überprüfen Sie die einzelnen Teile. Wahrscheinlich wollen Sie mehr als einen Punkt darstellen. Betrachten Sie jeden für sich als eine eigenständige 30-Sekunden-Botschaft. Im Laufe der zwei, drei, fünf oder zehn Minuten Ihrer Rede haben Sie Gelegenheit, mehrere provozierende Fragen zu stellen und zu beantworten, mehr als ein Bild zu beschreiben und mehr als eine persönliche Anekdote zu erzählen. Die Methoden, die Ihnen helfen, den Zuhörer bei einer 30-Sekunden-Botschaft zu fesseln, haben die gleiche Wirkung in einer längeren Rede. Ein bekannter Chefkoch antwortete mir einmal auf meine Frage nach den Unterschieden bei den Vorbereitungen eines Diners für zwei und einem Bankett für 500 Personen: »Kein Unterschied. Ich nehme die gleichen Zutaten – nur andere Mengen.«

Auswendiglernen

Lernen Sie niemals auswendig! Sie können keinen Kontakt mit Ihrem Publikum herstellen, wenn Sie krampfhaft versuchen, sich an jedes Wort Ihrer Rede zu erinnern. Und was passiert, wenn Sie den Text vergessen?

»Studio One« war eines der beliebtesten Unterhaltungsprogramme in der guten alten Zeit der Live-Shows. Bei einer unvergessenen Sendung war das Innere eines Flugzeuges Schauplatz der Handlung. Das Flugzeug befand sich in 10 000 Meter Höhe im Flug über den Bergen von Tibet. Drei Männer unterhielten sich in der Kabine, dann war plötzlich Stille. Einer der Schauspieler hatte seinen Text vergessen. Eine Wiederholung der Szene war nicht möglich, das Programm konnte nicht gestoppt werden. Eine verzwickte Situation! Millionen von gespannten Zuschauern saßen vor ihren Schwarzweißfernsehern und warteten darauf, was als nächstes geschehen würde. Was tat der Schauspieler? Er stand auf und sagte in einem Flugzeug 10 000 Meter über den Bergen von Tibet den unsterblichen Satz: »Also, hier steige ich aus.« Er verließ den Ort der Handlung und ging in die Geschichte ein.

Wenn Sie eine Rede auswendig lernen und dann nur einen Teil davon vergessen, müssen Sie das Flugzeug in 10 000 Meter Höhe über den Bergen von Tibet verlassen – und das ohne Fallschirm. Beim Auswendiglernen sind Sie vom Text abhängig, nicht der Text von Ihnen – selbst wenn Sie Ihren Einstieg wiederfinden sollten. *Beherrschen* Sie Ihr Material, aber lernen Sie nicht auswendig, sonst wirken Sie nicht natürlich.

Reden vorlesen

Lesen Sie niemals einem Publikum Ihre Rede vor! Zwischen der geschriebenen und der gesprochenen Sprache besteht ein großer Unterschied. Beide verfügen über völlig andere Ausdrucksformen. Eine gut ausgearbeitete, wunderschön geschriebene Rede kann auf Papier überzeugend sein, aber wenn sie vorgelesen wird, wirkt sie überspannt und unnatürlich.

Was aber können Sie tun, wenn Sie Ihre Rede nicht auswendig lernen oder vorlesen dürfen?

Eine Rede vorbereiten

Sie sollten Ihre Rede aufschreiben. Es gibt dafür ein besonderes Verfahren, das es Ihnen ermöglicht, Ihren Vortrag völlig natürlich zu halten.

Die Ansprache skizzieren

Verwenden Sie die gleichen Elemente wie in Ihrer 30-Sekunden-Botschaft: Zielvorstellung, Vorgehensweise, Aufhänger und Schluß. Nur das Thema ändert sich. Sie stellen es ausführlicher dar.

Die Ansprache aufschreiben

Schreiben Sie entsprechend Ihrer Skizze, einschließlich aller Argumente und Kernpunkte, das *Was, Wer, Wo, Warum, Wann* und *Wie* Ihres Themas auf, aber nur als groben Entwurf.

Die Ansprache auf Stichworte reduzieren

Ausgehend von Ihrem Entwurf schreiben Sie auf kleine Karteikarten Stichworte, die Sie an das erinnern, was Sie sagen wollen. Legen Sie die Karten beim Beschriften vertikal, mit der Schmalseite nach unten. Dann können Sie sie während Ihrer Rede unauffällig in der Hand halten. Größere Papiere sind umständlicher zu handhaben und lenken das Publikum ab. Ihre kleinen Karteikarten sind ein Wegweiser, der Sie in die Richtung Ihres Ziels führt. Mit Hilfe von Notizen anstelle eines vorgeschriebenen Textes können Sie Ihre Bemerkungen sehr natürlich und mit Ihren eigenen Worten vorbringen.

Das Folgende ist die gekürzte Version einer Rede, die der Repräsentant einer Telefongesellschaft vor einem öffentlichen Publikum hielt. Als erstes finden Sie die Rede in skizzierter Form und anschließend die Rede selbst, so wie sie mit Hilfe der auf Karteikarten aufgeschriebenen Stichworte gehalten wurde.

Skizze der Ansprache »Notruf-Systeme in Kalifornien«

Ziel: Zuhörer sollen 911 kennen und benutzen
Vorgehen: Notruf 911
Thema: Kurze Erläuterung des 911-Systems
Aufhänger: Wen kann man in einem Notfall zu Hilfe rufen

    I. Nicht einmal einer unter tausend kennt die Notrufnummern

        A. Wähle 0

        B. Aber mehr als 80 Notrufnummern. Wertvolle Zeit geht verloren

    II. Besserer Weg

        A. Abgeordneter Charles Warren schlägt 911 vor

        B. Bis Jahresende überall eingeführt

    III. Telefongesellschaften arbeiten sehr intensiv daran

        A. Nur in einigen Teilen Kaliforniens

        B. 911 termingerecht fertig

Schluß: Benützen Sie 911. Könnte auch Ihr Leben retten.

Gab es bei Ihnen schon einmal
einen medizinischen Notfall? Wissen Sie, was zu tun ist? Wen rufen
Sie zu Hilfe? Kennen Sie die Num-   Medizini-
mern des nächsten Krankenhauses   scher Notfall
oder Krankentransports?   Wen anrufen?

Wählen Sie Notruf 911.   Notruf 911

Untersuchungen haben ergeben,
daß nicht einmal eine Person unter
tausend die Notrufnummern der
Feuerwehr, des ärztlichen Notdien-
stes oder der Polizei am Ort kennt.   1 unter 1000

Früher und auch heute noch wählen
die Leute in wirklichen Notfällen
meist 0, um die örtliche Auskunft
und Vermittlung zu bekommen, die
ihnen die richtige Nummer gibt oder
das Gespräch direkt vermittelt.   Wähle 0

Aber das kostet wertvolle Zeit, allein
in unserer Gegend gibt es mehr als
80 Notrufnummern. Es müßte einen
besseren Weg geben, der ein schnel-   Zeit
leres Handeln in Notfällen ermög-   80 Notruf-
licht.   nummern

Es gibt einen Weg. 911. Der Abge-
ordnete Charles Warren schlug 911
als allgemeine Notrufnummer in
Kalifornien vor. Der Antrag wurde
genehmigt und alle 911-Systeme
müssen bis Jahresende betriebsfertig
sein.   Jahresende

Um diesen Termin zu erfüllen, haben die Telefongesellschaften in Kalifornien schwer gearbeitet, damit die komplizierten technischen Vorrichtungen für das 911-System fertiggestellt werden. Aber das System ist sehr aufwendig und teuer in der Einrichtung. Darum kann es jetzt erst in einigen Teilen Kaliforniens benutzt werden.

kompliziert
teuer

Wir haben Glück. Unsere Region hat den 911-Service bereits. Beim nächsten Notfall in Ihrem Hause wählen Sie also 911.

Wähle 911

Das ist richtig. Wählen Sie 911. Es könnte *Ihr* Leben retten.

Ihr Leben
retten

Stichpunkte als Gedankenstütze

Nachdem Sie Ihre Stichworte aufgeschrieben haben, sollten Sie damit Ihre Ansprache proben – sooft wie nötig. Nichts ist störender als ein Redner, der seine eigenen Notizen nicht kennt – oder nicht lesen kann. Sie werden feststellen, daß Ihre Rede bei jeder Probe mit den Stichworten anders ist – und besser.

Die Notizen beim Sprechen geschickt einzusetzen, ist gar nicht so einfach. Ich habe einmal einen Politiker bei einem Parteitag erlebt, der Stichworte brauchte, um seinen Vater vorzustellen. Stellen Sie sich vor, welche Folgen *das* für seine Glaubwürdigkeit hatte!

Blicken Sie niemals auf Ihre Notizen, wenn Sie anfangen zu sprechen, wenigstens nicht bei den ersten zwei oder drei Sätzen. Zu diesem Zeitpunkt müssen Sie unbedingt spontan und natürlich wirken, mehr als irgendwann sonst während

Ihrer Rede. Können Sie sich ausmalen, daß Sie jemanden zum ersten Mal treffen und bei der Begrüßung auf Notizen schauen?

Benutzen Sie im Laufe Ihrer Ansprache die Stichworte nur, wenn es unbedingt nötig ist. Wenn Sie auf Ihre Notizkarten blicken, sprechen Sie *nicht* weiter. Und wenn Sie wieder aufschauen, machen Sie eine kleine Pause, und sprechen Sie dann direkt zu Ihrem Publikum. Wenn Sie Ihren Gedankengang beendet haben, sehen Sie noch einen Moment lang die Zuhörer an, ohne dabei weiterzureden. So wird Ihre Äußerung nachhaltiger aufgenommen. Beim Sprechen mit Blick auf die Notizen geht der Kontakt zum Publikum verloren, die Stimme wird leiser, und die Wirkung Ihrer Mitteilung ist dann wesentlich schwächer. Wann immer Sie sprechen, sprechen Sie zu Ihren Zuhörern, nicht zu Ihren Notizen.

Und noch ein letzter Rat: Wenn Sie zum Schluß Ihrer Rede kommen, legen Sie Ihre Stichworte beiseite und sprechen Sie die letzten Sätze, ohne auf Ihr Konzept zu schauen. Lassen Sie niemals zu, daß die Notizen den Kontakt zwischen Redner und Zuhörer stören.

Mensch oder Maschine?

Haben Sie sich schon einmal mit einem Redner unterhalten, kurz bevor er auf das Podium tritt und seine Ansprache vorträgt? Eben plauderte er noch lächelnd, lebhaft und freundlich mit Ihnen. Wenn er dann aber mit seiner Rede beginnt, fällt alles Menschliche von ihm ab, und er wird zum Automaten. Die Ursache hierfür liegt darin, daß die meisten Leute glauben, sie müßten formelle Reden halten. Aber: Sie sind nicht da, um eine Rede zu halten. Sie sind da, um mit Ihrem Publikum zu kommunizieren. Wenn Sie sich Ihr Publikum, ganz egal wie groß es ist, als eine Person vorstellen, mit der Sie sich in Ihrem Wohnzimmer ungezwungen unterhalten, haben Sie es leichter. Sicher sind Sie aufgeregt. Sogar die erfahrensten Redner sind aufgeregt. Aber wenn Sie erst einmal Ihr Thema vortragen, verschwindet die Nervosität. Sie sind gut vorbereitet und bestens gerüstet. Sie haben Ihre Notizen parat. Regen Sie sich also nicht über Ihre Aufregung auf.

Auftreten und persönlicher Stil

Es ist nichts Neues für Sie, daß Ihr persönlicher Stil und Ihr Auftreten bei einer Ansprache genauso wichtig sind – vielleicht sogar wichtiger – wie der Eindruck, den Sie bei einer 30-Sekunden-Botschaft abgeben. Das Publikum hat mehr Zeit, Sie zu beobachten und den Eindruck, den Sie ihm vermitteln, in sich aufzunehmen. Andererseits haben auch Sie mehr Zeit, um sicherzustellen, daß Sie einen guten Eindruck machen. Ihre Rede halten Sie normalerweise in einem formelleren Rahmen als die 30-Sekunden-Botschaft. Anstelle von einem oder mehreren Zuhörern haben Sie ein Publikum vor sich. Eine Rede *ist tatsächlich* ein Schauspiel.

Wir haben bereits über die nonverbalen Signale gesprochen, die Sie während einer 30-Sekunden-Botschaft durch Mimik, Gestik und Bewegungen sowie durch den Klang Ihrer Stimme und Ihre persönliche Erscheinung geben. Die gleichen Grundregeln gelten beim Vortrag einer Rede. Unterlassen Sie alles, was die Aufmerksamkeit Ihres Publikums von Ihrer sprachlichen Botschaft ablenkt oder ihr widerspricht. Seien Sie vor allem aufrichtig und natürlich – seien Sie Sie selbst.

Hier sind einige weitere Tricks, die sich für Sie als nützlich erweisen können:

Noch bevor Sie mit Ihrer Ansprache beginnen, stellen Sie durch Lächeln und Blicke einen Kontakt zwischen Ihnen und dem Publikum her. *Schauen* Sie Ihre Zuhörer *an* und nicht über ihre Köpfe hinweg. Geben Sie jedem das Gefühl, daß Sie direkt zu ihm sprechen. Wenn Sie merken, daß die Aufmerksamkeit der Zuhörer abschweift, unternehmen Sie etwas, um sie zurückzugewinnen.

Betonen und bekräftigen Sie die wichtigen Punkte Ihres Vortrags durch natürliche Gestik und Körperbewegungen. Meist gelingt unverkrampftes Vortragen am besten, wenn man seiner Ansprache einen persönlichen Bezug gibt und alle Bedenken hinsichtlich des Verhaltens vergißt. Wenn mich jemand fragt: »Was soll ich mit meinen Armen machen?«, dann erzähle ich ihm die Geschichte vom Tausendfüßler. »Ein Tausendfüßler wurde gefragt, mit welchem Fuß er den ersten Schritt tue, wenn er einen Spaziergang machen wolle. Der Tausendfüßler überlegte und überlegte – und konnte von da an nie mehr laufen.«

Beachten Sie Ihre Gesten und Bewegungen, wenn Sie die Rede proben. Sie können sich im Spiegel beobachten, Freunde oder Familienmitglieder bitten, Sie zu kritisieren, oder – und das ist am besten – eine Videoaufnahme machen. Vielleicht gibt es in Ihrem Unternehmen eine Videoausrüstung. Wenn nicht, können Sie die Geräte auch sehr günstig mieten.

Wenn möglich, verzichten Sie auf Podium und Mikrophon. Sicherlich können Sie auf dem Rednerpult bequem Ihre Notizen ablegen, aber es steht wie eine Wand zwischen Ihnen und dem Publikum. Und die Stimme aus dem Lautsprecher in einer Ecke des Raumes ähnelt wahrscheinlich *Ihrer* Stimme nur wenig. Wann immer es möglich ist, sprechen Sie im Stehen und wenden Sie sich direkt Ihrem Publikum zu. Halten Sie dabei die Notizen in der Handfläche verborgen. So fühlen Sie sich freier und entspannter, und Ihr Publikum ebenfalls.

Abwechslung

Durch eine abwechslungsreiche Gestaltung wird Ihr Vortrag interessant. Ohne sie bleibt alles, was Sie sagen, fade, langweilig und wirkungslos. Auch bei Ihren Zuhörern machen Sie sich ohne Abwechslung nicht sonderlich beliebt.

Inzwischen wissen Sie längst, daß die Aufnahmefähigkeit eines Menschen 30 Sekunden beträgt. Merken Sie sich, daß die Aufnahmefähigkeit des Publikums auch bei einem längeren Vortrag 30 Sekunden nicht überschreitet. Das bedeutet, wenn Sie das Interesse und die Aufmerksamkeit Ihrer Zuhörer erhalten wollen, müssen Sie alle 30 Sekunden etwas anderes tun.

Sie können lächeln, gestikulieren, nach vorn treten, Ihre Position ändern, laut, leise, schnell, langsam sprechen, Pausen machen, rhetorische Fragen stellen, humorvoll, dramatisch oder gefühlvoll sein. Abwechslung in Ihre Worte und Bewegungen zu bringen, ist möglicherweise für Sie anfangs unbequem, aber wie die anderen Techniken des 30-Sekunden-Systems auch, wird Ihnen auch das abwechslungsreiche Vortragen mit etwas Übung zur zweiten Natur werden.

Glaubwürdigkeit

Wenn Sie zu einer größeren Gruppe sprechen, ist es äußerst wichtig, daß Sie Ihre Glaubwürdigkeit unter Beweis stellen. Das Publikum soll erfahren, warum es gerade Ihnen zuhören soll; daher sind ein paar Worte über Ihre Position, Ihre Erfahrungen und Erfolge immer angebracht. Noch besser ist es, eine persönliche Anekdote zu erzählen, die direkt auf das Publikum bezogen ist und deutlich macht, daß Sie, obwohl Sie ein Vorstandsvorsitzender eines Unternehmens, ein berühmter Astrophysiker oder Herzchirurg sind, ein Mensch wie jeder andere sind.

Vor einer Versammlung von Herstellern baute der Einkäufer einer Firma seine Glaubwürdigkeit folgendermaßen auf. »Vor einigen Jahren«, sagte er, »wurde mir ein Produkt zu einem Preis angeboten, der nicht so niedrig war, wie er meiner Meinung nach hätte sein sollen. Ich kaufte nicht. Eine andere Firma hingegen kaufte und verdiente ein Vermögen. Ich ärgerte mich schwarz. Aber ich lernte dadurch eine wichtige Lektion, nämlich daß der Preis nicht allein entscheidend ist. Das ist einer der Gründe, warum meine Firma in den letzten vier Jahren nacheinander sieben Produkte hintereinander mit größtem Erfolg verkauft hat.«

Weil er eine persönliche Anekdote über einen Mißerfolg in seiner Anfängerzeit erzählte, konnte der Einkäufer dem Publikum geschickt seine Fähigkeiten darstellen. Diese Technik könnte man »Sich als Mensch darstellen« nennen.

Die gute Einführung, bevor Sie sprechen

Wenn Sie eingeladen sind, vor einer Gruppe zu sprechen, wird Sie immer jemand den Zuhörern vorstellen. Normalerweise wird man Sie um die Zusendung eines knappen Lebenslaufs bitten, und daraus formuliert jemand aus der Gruppe die passenden Worte für die Vorstellung. Oder jemand stellt Ihnen kurze Zeit vor Ihrem Auftritt einige Fragen per Telefon. Wie auch immer, Sie können nur das Beste hoffen, daß die Einführungsworte zu Ihrer Person gelingen.

Es gibt jedoch eine bessere Möglichkeit. In zwei simplen Schritten können Sie dafür sorgen, daß Ihre Vorstellung zum guten Start für den Vortrag wird.

Erstens: Finden Sie heraus, wer Sie vorstellen wird, und geben Sie dieser Person die notwendigen Informationen.

Zweitens: Schreiben Sie selbst einige Worte zu Ihrer Vorstellung.

Ein Freund und ehemaliger Kunde von mir war einer der führenden Männer bei Westinghouse Broadcasting. Seine Stellung erforderte es, daß er viele Gäste im Fernsehen vorstellte. Ich fragte ihn: »Wie würdest du reagieren, wenn dir jemand aufschreibt, was du zu seiner Vorstellung sagen sollst? Wäre das anmaßend?«

»Nein, überhaupt nicht«, antwortete er. »Es wäre ausgezeichnet. Ich könnte mir viel Zeit und Mühe sparen, und der Gast würde seinen Wünschen entsprechend vorgestellt.«

Wenn man es genau betrachtet, ist eine Vorstellung, für Sie selbst oder für eine andere Person geschrieben, eine 30-Sekunden-Botschaft in ihrer reinsten Form. Eine Vorstellung, die mehr als 30 Sekunden dauert, ist eine Rede. Alle Grundregeln und Strategien der 30-Sekunden-Botschaft gelten auch für eine Vorstellung. Der einzige Unterschied besteht darin, daß der Aufhänger, den der Sprecher in seiner Einleitung verwenden will, bei der Vorstellung bereits angedeutet werden sollte. Das geht so:

Diana Adams, Leiterin eines Public-Relations-Unternehmens, spricht zu einer Gruppe von Geschäftsleuten über das Thema »Wie macht man seine Firma bekannt?«. Sie schrieb für sich die folgenden Worte zur Vorstellung:

»Wenn Sie in dieser Stadt jemanden finden sollten, der Ihnen Ratschläge geben kann, wie Sie Ihre Firma bekannt machen können, wen würden Sie wählen? Sicherlich würde der Name von Dianas Agentur ganz oben auf der Liste der in Frage kommenden Personen stehen. Diana begann ihre Laufbahn als Inhaberin eines kleinen Geschäfts – eines Blumenladens. Weil sie erkannte, wie wichtig gute Public Relations sind, wurde ihr Geschäft erfolgreich. Heute führt Diana eines der besten PR-Unternehmen der Stadt und zählt zu ihren Kunden etliche kleinere Firmen wie auch mehrere große Gesellschaften. Sie ist immer noch Besitzerin des Blumenladens, mit dem alles anfing. Hier ist Diana Adams.«

Durch diese Vorstellung schuf sich Diana eine Überleitung zu den ersten Worten ihrer Ansprache: »Blumen und meine Kunden haben eines gemeinsam. Beide werden noch attraktiver, wenn sie der Allgemeinheit vorteilhaft dargeboten werden . . « Einen besseren Anfang für ihre Rede könnte sie kaum finden.

Der Schluß

Ein bekannter Bühnenschauspieler sagte mir einmal: »Wissen Sie, ich habe eigentlich keine besonderen Schwierigkeiten, wenn ich in meiner Rolle bin. Die wirkliche Herausforderung besteht darin, erst einmal auf die Bühne zu treten – und einen guten Abgang zu machen.« Das gleiche gilt für viele erfahrene Redner. Eine geschickte Vorstellung mit einer guten Überleitung löst das erste Problem. Aber wie oft schon haben Sie einem Sprecher zugehört, der einfach nicht wußte, wann und wie er zum Schluß kommen sollte? Wieder beruht mein Rat auf meinen Erfahrungen mit Schauspielern: »Trete ab, solange das Publikum noch mehr will.«

Meiner Meinung nach sollte keine Rede länger als zehn oder fünfzehn Minuten dauern. In jedem Falle aber muß eine Rede abgeschlossen sein, *bevor* es soweit kommt, daß das Publikum das Ende nicht mehr abwarten kann. Das bedeutet natürlich nicht, daß Sie mitten im Satz abbrechen oder ein wichtiges Argument weglassen sollten. Es bedeutet vielmehr, daß Sie bei der Vorbereitung Ihrer Rede schon die ersten und letzten Sätze klar vor Augen haben sollten. Dazwischen können Sie sich aus Gründen der Abwechslung und Spontaneität so viele Freiheiten nehmen, wie Sie wollen. Für mich ähnelt der Vortrag einer Rede dem Erzählen eines Witzes. Das Entscheidende, das Sie auf keinen Fall verderben dürfen, ist die Pointe. Wenn Sie wissen, wie Sie Ihre Rede abschließen werden, haben Sie die Zielscheibe, auf die Sie zielen können, eine Richtung, die Sie verfolgen können. Und nachdem Sie das Ziel getroffen und Ihren Bestimmungsort erreicht haben, lächeln Sie, danken Sie den Zuhörern und setzen Sie sich hin.

In 30 Sekunden – oder noch schneller

Die Grundregeln und Strategien der 30-Sekunden-Botschaft sind immer gültig, unabhängig davon, ob Sie einen oder tausend Zuhörer haben.

Lernen Sie nicht auswendig.

Lesen Sie Ihre Rede nicht ab.

Gliedern Sie Ihre Rede, schreiben Sie einen groben Entwurf und reduzieren sie diesen zu Stichworten auf Karteikarten.

Proben Sie Ihre Rede, aber bemühen Sie sich stets um Spontaneität, Abwechslung und Natürlichkeit in Sprache und Verhalten.

Stellen Sie Ihre Glaubwürdigkeit unter Beweis und erzählen Sie von Ihren Verdiensten in einer Anekdote.

Schreiben Sie selbst die passenden Worte zur Vorstellung Ihrer Person.

Legen Sie den Schluß der Rede fest.

Kapitel 11
Zu jeder Zeit, an jedem Ort

Bei vielen beruflichen oder geschäftlichen Anlässen wird ein Sprecher nach Abschluß seiner Rede Fragen der Zuhörer beantworten. Die 30-Sekunden-Botschaft ist das ideale Mittel, um solche Frage-und-Antwort-Situationen gut in den Griff zu bekommen. Denn Umfang und Form der 30-Sekunden-Botschaft ermöglichen es, eine präzise Antwort auf *jede erdenkliche* Frage zu geben. Sie können damit Argumente bekräftigen, die Sie bereits in Ihrer Ansprache vorgetragen haben, oder neue Aspekte einführen und erläutern.

Die perfekte Antwort

Ein gutes Beispiel für die Anwendung der 30-Sekunden-Technik ist die Pressekonferenz. Derjenige, der die Konferenz veranstaltet, fordert nach einer kurzen, vorbereiteten Ansprache die Teilnehmer auf, Fragen zu stellen. Davon wird meist reger Gebrauch gemacht – oft in einem verwirrenden Durcheinander. Einige der Fragen beziehen sich vielleicht auf die Rede und bitten um weitere Erklärungen und Ausführungen; andere hingegen können völlig aus der Luft gegriffen sein. Das Geheimnis, mit solch einer Situation fertigzuwerden, liegt in der sorgfältigen Vorbereitung. Der Sprecher muß auf alle möglichen, sehr unterschiedlichen Fragen eingestellt sein und darauf antworten können; allerdings ist es unmöglich, jede Antwort sofort parat zu haben. Hierbei erweisen sich die Grundregeln und Strategien der 30-Sekunden-Botschaft als sehr hilfreich. Der geschickte Redner spielt im voraus seine Argumente und sein Anliegen, das er vorstellen will, gedanklich durch – als Erwiderung auf jede zu erwartende Frage. Weil er seine Zielvorstellung, seine Zuhörer, seine Vorgehensweise und sein Thema genau kennt, ist er in der Lage, eine direkte, präzise, freie und überzeugende Antwort perfekt zu formulieren.

Mein Geschäftspartner und ich führten kürzlich einen Trainingskurs für leitende Beamte von Scotland Yard, für Polizeichefs der Großstädte und für FBI-Agenten durch. Sie stellten alle sehr viele Fragen, waren aber selbst nicht so gut beim Beantworten von Fragen. Tatsächlich neigten viele von ihnen dazu, mit »kein Kommentar« zu antworten oder eine abweisende, unsichere Position einzunehmen, die allerdings, was sie auch selbst merkten, die Neugier noch verstärkte und weitere Fragen hervorrief.

In unserem Kurs lernten sie, wie sie selbst mit den schwierigsten Fragen umgehen können. Sie lernten, daß die Beantwortung von Fragen zuallererst eine Gelegenheit zum Sprechen bietet. Man muß eine Frage so genau und wahrheitsgemäß wie möglich beantworten, aber zudem kann man sie zum Anlaß nehmen, um den eigenen Standpunkt zu vermitteln. Hier ist ein Beispiel, das ich in meiner Seminargruppe benutzte:

Nachdem in einer Parkanlage eine Reihe von Verbrechen begangen worden waren, verlangten die aufgebrachten Einwohner der Nachbarschaft ein stärkeres Eingreifen der Polizei. Ein Polizeihauptmann war bereit, die Fragen der Leute zu beantworten. Ein Mann sprach ihn wütend darauf an, warum noch keine Verhaftungen vorgenommen worden seien. »Obwohl wir sehr wenig Anhaltspunkte für weitere Untersuchungen haben«, sagte der Polizeihauptmann, »verfolgen wir jede Spur. Wir haben außerdem die Polizeistreifen in dieser Gegend verstärkt, zudem wird gerade die Beleuchtung verbessert. Ihr Park ist jetzt schon viel sicherer.« Der Polizist beantwortete die Frage, und wenn auch die Antwort eigentlich nicht dem entsprach, was der wütende Einwohner hören wollte, so ergriff er doch die Gelegenheit, um seine Zuhörer zu besänftigen und seinen eigenen Standpunkt zu vermitteln.

Nachdem die Gesetzeshüter in unserem Kurs gelernt hatten, diese Methode anzuwenden, änderten sie ihre Einstellung. Anstatt wie vorher Interviews zu vermeiden, freuten sie sich jetzt darauf. Mit Hilfe dieser Methode werden auch Sie in der Lage sein, in Frage-und-Antwort-Situationen Ihre Anliegen überzeugend zu vertreten, sei es bei der Ansprache vor einer Versammlung, bei einer geschäftlichen Besprechung oder einer Steuerprüfung durch das Finanzamt.

Fragen geschickt beantworten

Die gleiche Methode können Sie auch in einem geschäftlichen Gespräch unter vier Augen anwenden. Fast immer besteht auch hier die Möglichkeit, den eigenen Standpunkt mit einzuflechten. Falls nicht, schaffen Sie sich einfach eine Möglichkeit hierfür. Das kann man beispielsweise so einfädeln:

Claus, ein stellvertretender Personalchef, bereitet sich auf ein bevorstehendes Gespräch zwischen Arbeitgebern und Gewerkschaftern vor. Die zur Debatte stehenden Sachverhalte sind sehr speziell und verwickelt, daher möchte er einen Berater einschalten. Sein Vorgesetzter muß den Antrag genehmigen, aber er ist ein vielbeschäftigter Mann, und Claus weiß, daß er deshalb sein Anliegen sehr präzise vortragen muß. Er arbeitet sorgfältig seine 30-Sekunden-Botschaft aus und wartet auf den geeigneten Moment, um die Angelegenheit zur Sprache zu bringen.

Falls der Chef ihn bei einer der regelmäßigen Besprechungen direkt nach den bevorstehenden Verhandlungen fragt, ist Claus mit seinem Vorschlag gewappnet. Aber was ist, wenn der Chef diese Frage nicht stellt? Doch auch dafür gibt es einen Weg.

Es könnte sein, daß Claus' Vorgesetzter fragt: »Wie weit sind Sie eigentlich mit dem Bericht über die Krankenversicherungen?« Darauf lautet Claus' Antwort: »Ich kann den Bericht bis nächsten Dienstag vorlegen und dazu eine Liste der wichtigen Themen, die wir bei der nächsten Begegnung mit den Gewerkschaftern diskutieren. Nebenbei bemerkt, es müssen einige sehr wesentliche Entscheidungen getroffen werden. Ich bin der Ansicht, daß wir den Rat von Experten brauchen, und würde vorschlagen, einen Berater hinzuzuziehen ...« Man beachte, daß Claus die ursprünglich gestellte Frage beantwortete und sie dann benutzte, um zu seinem Anliegen überzuleiten.

Es gibt immer eine Möglichkeit, eine Frage zu beantworten und dann auf den Punkt zu sprechen zu kommen, der einem gerade wichtig ist. Dabei kommt es hauptsächlich auf den Übergang an. Hier sind einige Redewendungen, mit denen sich geschickt von einer Antwort auf die vorbereitete 30-Sekunden-Botschaft überleiten läßt:

»Dazu kann ich nichts sagen, aber ich möchte Ihnen das Problem ... näher erläutern.«

»Sie haben völlig recht, und ein anderer Punkt ist ...«

»Ich bin sicher, das stimmt, und ich bin mir auch sicher, daß ...«

»Das kann bis morgen warten, aber ein dringendes Problem, das nicht warten kann, ist ...«

»Ich stimme Ihnen zu, und ich bin sicher, Sie stimmen mir auch zu, daß ...«

Diese Überleitungen erscheinen Ihnen zuerst wahrscheinlich ziemlich ungeläufig, aber Sie werden feststellen, daß man sich fast ohne Übung sehr schnell daran gewöhnt, sie anzuwenden. Es ist nichts Abwegiges oder Unehrliches an dieser Methode. Sie sagen klar und deutlich, worum es Ihnen geht. Und darin liegt schließlich das Wesen der Kommunikation begründet.

Überzeugend telefonieren

Wie viele andere Filmstars seiner Zeit lehnte auch Humphrey Bogart in den letzten Jahren vor seinem Tod Aufträge für das

Fernsehen ab. Als Leiter des Ressorts »Schauspieler und Besetzungen« beim CBS-Fernsehen versuchte ich, Bogart zu engagieren. Aber Sam Jaffe, Bogarts Vermittler, sagte: »Vergiß es, Milo. Er arbeitet unter keinen Umständen für das Fernsehen.«

Ich war davon überzeugt, daß es einen Weg geben mußte, und schließlich kam mir eine Idee. Die Rolle des Duke Mantee in dem Stück »Der versteinerte Wald« hatte Bogart zu schauspielerischem Ruhm verholfen. Es folgte die Verfilmung dieses Schauspiels und damit begann seine erfolgreiche Laufbahn beim Film. Ich unterhielt mich mit den Entscheidungsträgern von CBS und sagte ihnen, es gäbe eine ganz minimale Chance, Bogart zu bekommen: Wenn wir »Der versteinerte Wald« in Fernsehfassung brächten.

Sie antworteten: »Okay, wir bringen das Stück. Aber *nur,* wenn Sie tatsächlich Bogart dafür gewinnen können.«

Ich hatte die Erlaubnis, Bogart anzurufen. Ich wußte, daß Bogart niemals seine Zeit verschwendete. Wenn ich ihn nicht in den ersten 30 Sekunden überzeugen könnte, wäre meine Chance vertan. Sorgfältig bereitete ich meine 30-Sekunden-Botschaft vor.

Ich bekam Bogart ans Telefon. Nachdem ich mich vorgestellt hatte, sagte ich: »Welche Rolle war im Verlauf Ihrer Karriere für Sie am aufregendsten, wichtigsten und erfolgreichsten, Herr Bogart?« Damit hatte ich seine Aufmerksamkeit gewonnen. »Es war die Rolle in »Der versteinerte Wald«, nicht wahr?«

Ich konnte die Begeisterung in seiner Stimme hören, als er erwiderte: »Allerdings, da haben Sie recht.«

»Wir planen, das Stück bei CBS in Fernsehfassung aufzunehmen«, sagte ich. »Es wird eines unserer Hauptprojekte. Wir setzen all unsere Sorgfalt und Qualität ein, wie es diesem Stück zukommt. Aber wir wissen, ohne Ihre Mitwirkung ist es nicht dasselbe wie mit Ihnen.« Ich machte eine Pause und konnte fast hören, wie Bogart überlegte: »Sie wollen mich, aber sie machen es auch ohne mich.« Ich meinte, oder besser hoffte, daß dieser Gedanke ihn dazu bringen würde zuzustimmen. Es widerstrebte ihm, daß ein anderer Schauspieler ausgerechnet die Rolle spielen würde, die ihn so berühmt gemacht hatte. Ich wagte natürlich nicht, ihm zu sagen, daß wir das Stück nicht aufnehmen würden, falls er ablehnte. So hatte ich ihn in der Falle. »Wir wollen Sie unbedingt als den Duke Mantee«, fuhr ich fort. »Sagen Sie zu?« Ich hielt vor Aufregung den Atem an.

»Milo«, sagte er, »Sie wissen, daß ich nicht fürs Fernsehen arbeite. Noch nicht.«

»Herr Bogart«, antwortete ich, »nur wenn Sie die Rolle spielen, wird die Aufnahme so, wie sie sein sollte. Wir werden stolz darauf sein können und Sie ebenfalls.«

Am anderen Ende der Leitung war eine lange Pause, dann sagte Bogart: »Sie kennen meinen schwachen Punkt, nicht wahr? Also gut, ich übernehme die Rolle.«

Es gibt keine Grenzen für die Nützlichkeit der 30-Sekunden-Botschaft, und das Telefon bietet eine der besten Möglichkeiten, das 30-Sekunden-System erfolgreich anzuwenden.

Geschäftsleute sind erfahrungsgemäß immer sehr beschäftigt. Oft haben sie keine Zeit, Telefongespräche anzunehmen oder zurückzurufen, besonders, wenn Sie wissen, daß der Anrufer unendlich lange braucht, um zur Sache zu kommen. Wenn Sie Ihr Anliegen in 30 Sekunden vorbringen können, ist das jedoch ganz anders. Wissen Ihre Geschäftspartner erst einmal, daß Sie Ihre Wünsche immer kurz und bündig vortragen, dann nehmen Sie Ihren Anruf an oder rufen prompt zurück. Sie haben Erfolg – und obendrein sparen Sie dadurch Telefongebühren.

Sie sollten sich sorgfältig vorbereiten, wenn Sie einen geschäftlichen Anruf zu erledigen haben, sei es um etwas zu verkaufen, einen Termin zu vereinbaren, Informationen zu bekommen oder eine Beschwerde vorzubringen. Machen Sie sich mit Ihrer Zielvorstellung, Ihrem Zuhörer und Ihrer Vorgehensweise vertraut, bevor Sie jemanden anrufen. Fesseln Sie die Aufmerksamkeit des Ansprechpartners durch einen provozierenden Aufhänger, erklären Sie Ihr Thema genau und fordern Sie, was Sie haben wollen. Der Sinn eines Telefongesprächs besteht darin, Zeit zu sparen – und eine überzeugende 30-Sekunden-Botschaft ist der beste Weg, um sicherzustellen, daß Sie nicht Ihrem Zuhörer – oder sich selbst – die Zeit stehlen. Es hat bei mir mit Humphrey Bogart geklappt. Bei Ihnen wird es sicher auch funktionieren.

Aber was ist zu tun, wenn Sie die Person, die Sie sprechen wollen, nicht erreichen können? Eine Sekretärin oder ein Assistent sagt Ihnen: »Es tut mir leid, aber er ist gerade in einer Besprechung (am anderen Telefon, außer Haus). Möchten Sie eine Nachricht hinterlassen?« Selbstverständlich möchten Sie eine Nachricht hinterlassen, aber es sollte die *richtige* Nachricht sein. Es wird nicht die ganze 30-Sekunden-Botschaft sein. In jedem Fall sollten Sie aber den Grund Ihres Anrufs nennen – einen *guten Grund* dafür, warum Sie um einen Rückruf bitten. All dies müssen Sie in wenigen Sätzen formulieren, die die Sekretärin notieren und, mit Ihrem Namen und Ihrer Telefonnummer versehen, dem Chef vorlegen kann. Falls Ihr Name dem Ansprechpartner nicht bekannt ist, werden Sie in neun von zehn Fällen nicht zurückgerufen, es sei denn, die Person, die Sie erreichen wollten, kennt zumindest Ihr Anliegen und kann somit abschätzen, welche Vorteile die Sache ihm selbst bietet.

Der automatische Anrufbeantworter

Um beim Thema Telefon zu bleiben – automatische Anrufbeantworter gehören heute zu den alltäglichen Dingen. Doch wie oft haben auch Sie schon eine Nummer gewählt und etwas

Ähnliches gehört wie: »Hallo, hier ist der automatische Anrufbeantworter. Leider sind wir zur Zeit nicht zu Hause, aber wir werden in Kürze zurück sein. Bitte nennen Sie Ihren Namen und Ihre Telefonnummer, Zeitpunkt und Grund Ihres Anrufs, wenn Sie den Pfeifton hören. Wir werden sobald wie möglich zurückrufen. Bitte denken Sie daran, sprechen Sie erst nach dem Pfeifton.

Vielen Dank.«

Pfeifton:.

Ich weiß, wenn ich *die* anrufe, verschwende ich mehr Zeit damit, mir ihre Nachricht anzuhören, als wenn ich statt dessen meine Nachricht gesagt hätte. Darum rufe ich sie nur an, wenn es unbedingt sein muß.

Ich habe schon alles mögliche auf Anrufbeantwortern gehört, angefangen von Musik und Witzen bis hin zu professionell aufgenommenen Mitteilungen, so daß ich mich manchmal fragte, wen ich eigentlich angerufen hatte. Wenngleich auch ein Anrufbeantworter tatsächlich Gelegenheit für mancherlei Späße geben kann, so gilt doch folgende Regel: Je einfacher und kürzer Ihre Nachricht ist, desto einfacher ist es für den Anrufer, seine Nachricht zu hinterlassen.

Niemand spricht gern zu einer Maschine. Tatsächlich werden manche Leute so nervös, wenn sie einen Anrufbeantworter hören, daß sie erstarren und nicht wissen, was sie sagen sollen. Eine 30-Sekunden-Botschaft für Anrufbeantworter kann das Problem lösen. Es ist wirklich ganz simpel. Wenn Sie die Vorstellung, auf Band aufgenommen zu werden, verwirrt, legen Sie einfach Ihre Botschaft neben das Telefon und lesen Sie den Text ab, wenn eine Maschine Ihren Anruf beantwortet. Hier ist ein Beispiel:

Hallo. Hier ist *(Ihr Name)*. Ich rufe an, weil *(der Grund Ihres Anrufes)*. Schade, daß ich Sie nicht erreicht habe. Bitte rufen Sie zurück, sobald es Ihnen paßt. Sie können mich heute erreichen unter *(Ihre Telefonnummer)*. Vielen Dank.

Auch wenn Sie anstatt einer Maschine den Mitarbeiter eines Auftragsdienstes erreichen, vergessen Sie nicht, Ihre Telefonnummer anzugeben. Dadurch ersparen Sie demjenigen, der Sie zurückrufen sollte, daß er Ihre Telefonnummer nachschlagen muß, und Sie werden schneller zurückgerufen. Falls die Person, die Sie anrufen, Sie nicht kennt, sollten Sie ihr unbedingt einen guten Grund für den Rückruf geben.

Das 30-Sekunden-Angebot

Nur ein wirklich hervorragender Verkäufer kann per Telefon einen Verkaufstreffer landen. Meist ebnet der Telefonanruf lediglich den Weg zu einem Vorstellungstermin oder einem Verkaufsgespräch, und das Angebot wird dann persönlich unterbreitet. Dabei können die Grundregeln und Techniken der 30-Sekunden-Botschaft verbal und nonverbal bestens eingesetzt werden. Der gute Verkäufer kennt sein Ziel, seinen Zuhörer und seine Vorgehensweise, *bevor* er sein Angebot macht. Er kennt sein Produkt oder seinen Service und weiß, welche Vorzüge es seinem Kunden bietet. Er verlangt das, was er haben will, und wenn es nur der Termin für einen weiteren Besuch ist, damit er zu einem günstigeren Zeitpunkt ausführlicher beschreiben kann, was er verkaufen will.

Dirk, Vertreter einer Firma für Klimaanlagen, stattet der Einkaufsabteilung eines potentiellen Kunden einen Besuch ab. Er kennt den Abteilungsleiter, Peter Loomis. Obwohl Herr Loomis sich belästigt fühlt und gerade sehr beschäftigt ist, nimmt er sich einen Moment Zeit für Dirk. Während sie Höflichkeiten austauschen, merkt Dirk, daß dies nicht der richtige Zeitpunkt für ein Angebot ist. Er spürt, daß er bei einem speziell vereinbarten Termin bessere Chancen hätte. Daher kommt er schnell auf seine 30-Sekunden-Botschaft zu sprechen.

Herr Loomis, ist nicht die Temperatur in Ihrem Gebäude von immenser Bedeutung? Sie wissen, daß dem tatsächlich so ist.

Durch Untersuchungen wurde nachgewiesen, daß man bei bestimmten Temperaturen produktiver – und ausgeglichener – ist. Unsere neuen Geräte zahlen sich deshalb aus und bringen Ihnen mehr ein. Sie haben zwei besondere Vorzüge, durch die sie sich von allen anderen Klimaanlagen unterscheiden. Wäre es Ihnen recht, wenn ich morgen nochmals vorbeikommen und Ihnen unser neues System vorführen würde?«

Der Verkäufer machte den Abteilungsleiter neugierig. Er war präzise und sachlich. Er bekam seinen Termin – und machte das Geschäft.

Meistens dauern jedoch Geschäftsbesprechungen zwischen Verkäufern und Kunden sehr viel länger als 30 Sekunden. Es finden Treffen mit anderen Gesprächspartnern statt, manchmal können sogar gemeinsame Arbeitsessen dazugehören. Was auch immer der zeitliche Rahmen, die geschäftliche oder soziale Situation sein mag, die 30-Sekunden-Botschaft, im richtigen Moment vorgetragen, bleibt die beste Waffe für die Vermittlung und Durchsetzung eines Arguments. Und es schadet nie, diese Botschaft sooft wie möglich zu wiederholen, solange Sie sie jedesmal ein bißchen abwandeln oder anders ausführen. Wiederholung ist ein gängiges Mittel der Werbung. Werbespots hämmern den potentiellen Käufern die Werbesprüche und Produktnamen geradezu ein. Sie haben als Verkäufer vielleicht die gleiche Zielvorstellung; und mit all den verschiedenen Techniken und Strategien der 30-Sekunden-Botschaft haben Sie viele Möglichkeiten, Ihre Sprache überzeugend darzustellen. Und nicht zuletzt sollten Sie bedenken, daß Verkaufen fast immer eine Unterhaltung in zwei Richtungen ist. Nachdem Sie Ihre Sache vorgestellt haben, müssen Sie erwarten, daß der Kunde Ihnen einige Fragen stellt. Eine prägnante 30-Sekunden-Botschaft ist auch dabei wieder der beste Weg, um die Fragen zu beantworten und selbst weitere Punkte, die Ihnen wichtig sind, hervorzuheben.

Konferenzen, Sitzungen

Ich habe noch nie mit einem Geschäftsmann oder Unternehmer gesprochen, der nicht auch der Meinung war, daß Konferenzen zu lang, zu häufig und zu langweilig sind. Das muß aber nicht so sein. Geschäftliche Sitzungen und Besprechungen sind oft deswegen ergebnislos und langweilig, weil die Teilnehmer nicht gut darauf vorbereitet sind. Zu viele Sachverhalte, Ideen und Themen werden angesprochen, zu viele Entscheidungen müssen getroffen werden. Man muß diese Punkte *vor* einer Sitzung auf das Wesentliche reduzieren, damit die wirklich wichtigen Angelegenheiten gründlich geprüft werden können und folgerichtige Entscheidungen gefunden werden. Jede Sitzung sollte eine bestimmte Tagesordnung haben, und es ist Aufgabe der Person, die die Sitzung einberuft und leitet, dies vorzubereiten.

Die Grundregeln der 30-Sekunden-Botschaft können bei der Ausarbeitung der Tagesordnung benutzt werden. Als erstes wird die Zielvorstellung für die Sitzung genannt – was hoffen Sie, durch die Sitzung zu erreichen. Der zweite Punkt ist die Vorgehensweise – wie das Ziel erreicht werden kann. Dann nennt man das Thema – beziehungsweise die Themen, über die diskutiert werden soll. Abschließend geben Sie an, was Sie von jedem Teilnehmer verlangen – in diesem Fall vorbereitete 30-Sekunden-Botschaften mit Stellungnahmen und Empfehlungen zu den wichtigsten Themen.

Solch eine Tagesordnung setzt sorgfältige Überlegungen und Vorbereitungen voraus. Sie erfordert unter Umständen zusätzliche Arbeit, aber langfristig gesehen bringt sie beträchtliche Einsparungen an Zeit und Geld.

Eine beispielhafte Tagesordnung:

Ziel:

Unsere Liquidität verbessern

Vorgehen:

Die betrieblichen Einrichtungen des Zweigwerks verkaufen (oder nicht verkaufen)

Diskussionsthemen:

1. Zweigbetrieb ist nicht profitabel genug, aber es bestehen Aussichten auf eine Verbesserung.
2. Käufer vorhanden, aber Preisangebot zu niedrig.
3. Jetzt verkaufen oder auf bessere Angebote warten.

Bitte bereiten Sie Ihre 30-Sekunden-Stellungnahme und Ihre Empfehlungen vor. Die Sitzung beginnt pünktlich um 14.30 Uhr und endet nicht später als 15.00 Uhr.

Natürlich gibt es auch Sitzungen, bei denen die Diskussionsthemen viel weiter gefaßt sind, wo Zwanglosigkeit gewünscht wird und als Einführung Unterhaltungen im Plauderton erforderlich und vorteilhaft sind. Dennoch sollten Sie, wenn Sie das Wort haben oder eine Frage beantworten, in 30 Sekunden oder weniger zur Sache kommen. Ihre Kollegen werden nicht nur beeindruckt, sondern auch dankbar sein.

In Fahrstühlen, Restaurants und anderswo

Im Mittelpunkt einer typischen Erfolgsstory steht der glückliche Zufall, daß ein armer, junger Mann einen Millionär rettet, zur Belohnung eine Stellung bekommt, schwer arbeitet, die Tochter des Millionärs heiratet und schließlich selbst Millionär wird. Glück spielt bei geschäftlichen Unterredungen tatsächlich oft eine Rolle. Zum Beispiel treffen Sie den Mann, bei dem Sie sich schon wochenlang um einen Termin bemüht haben, im Fahrstuhl, in einem Club oder in einem Restaurant. Sie könnten natürlich auch Ihr Glück selbst in die Hand nehmen und eine Begegnung gezielt herbeiführen. Und wenn diese dann stattfindet, sollten Sie unbedingt darauf vorbereitet sein. Die 30-Sekunden-Botschaft ist Ihre Chance. Sie wissen, was Sie wollen, und vor Ihnen steht der Mann, der sie Ihnen geben kann. Aber Sie müssen Ihre Chance auch zu nutzen verstehen und erkennen, wann Sie Ihre Techniken gezielt einsetzen können.

Rainer und seine Frau treffen sich mit einer Gruppe von Leuten aus seinem Unternehmen, einschließlich des Direktors und seiner Frau, in einem Restaurant. Rainer hat eine Idee, die den Direktor der Firma mit Sicherheit interessieren wird. Aber ist dies der richtige Zeitpunkt und der richtige Ort, um ihn anzusprechen? Rainer entschließt sich zu einem Versuch, doch muß er geschickt vorgehen. Zuerst muß er den passenden Moment abwarten, bis der Direktor von sich aus auf die Firma zu sprechen kommt. Wenn er sich erkundigt, wie die Dinge in Rainers Abteilung laufen, bietet sich für diesen die beste Gelegenheit. Er wird tatsächlich gefragt. Nun hat Rainer die ungeteilte Aufmerksamkeit des Direktors – aber wie lange? Wenn er sich unbeholfen ausdrückt oder seine Zielvorstellung nicht genau kennt, verschenkt er die Gelegenheit, und der Direktor bekommt einen schlechten Eindruck von ihm. Wenn er aber seine vorbereitete 30-Sekunden-Botschaft vermitteln kann, ohne den Direktor zu drängen oder in Verlegenheit zu bringen, kann er möglicherweise seine berufliche Zukunft positiv beeinflussen. Rainer handelt:

»Es läuft alles gut, Herr Direktor. Ich habe gerade ein neues Verfahren erprobt, mit dem man die Auslieferungen beschleunigen kann. Die Versuche haben eindeutig bewiesen, daß das neue Verfahren funktioniert. Wir könnten damit Zeit und Geld sparen. Ich würde gern mit Ihnen darüber reden. Darf ich bei Ihrer Sekretärin anrufen und einen Termin vereinbaren?«

Der Direktor lächelt und nickt zustimmend.

In dieser Situation schuf Rainer eine günstige Gelegenheit für sich selbst und ergriff gleichzeitig die Chance, die ihm der Direktor anbot. Er traf die richtigen Entscheidungen – und er war gut vorbereitet. Er bekam den Termin und wurde befördert, als die Firma seinen Verbesserungsvorschlag in die Realität umsetzte.

Tischreden und Trinksprüche

Viele Tischreden werden spontan aus einer Eingebung des Augenblicks heraus gehalten. Aber bei wichtigen Anlässen sollte man seine Tischrede im voraus planen.

Eine gute Bekannte, die im diplomatischen Dienst im Ausland tätig ist, erzählte mir, daß sie einen Trinkspruch für einen Herrn ausbrachte, der in ihrem Leben eine besondere Rolle spielte. Der Anlaß war ein großer Geburtstagsempfang in seinem Land – dem Land ihrer Abordnung. Sie wollte einen perfekten Toast geben. Deshalb befolgte sie die folgenden, einfachen und vertrauten Regeln:

Ein Trinkspruch darf nicht länger als 30 Sekunden dauern und kann wie jede andere 30-Sekunden-Botschaft vorbereitet werden. Sie müssen Ihr Ziel, Ihre Zuhörer und Ihre Vorgehensweise kennen. Finden Sie einen guten Aufhänger und bringen Sie anschließend das Thema und einen eindrucksvollen Abschluß.

Folgendes sagte meine Bekannte bei dem Geburtstagsempfang:

»Ich war eine Fremde in einem fremden Land. Ich kam hierher, um meinem Land zu dienen. Dieses Land hat jedoch mir gedient. Ich habe Wärme, Verständnis, Schönheit und Liebe gefunden. Jetzt bin ich keine Fremde mehr, und ich möchte dem Mann danken, der mir dabei so sehr geholfen hat. Gibt es einen besseren Zeitpunkt, ihm zu danken, als seinen Geburtstag, einen besseren Dank, als ihm in Liebe und Ehre zu danken? Auf Jim.«

Sogar bei traurigen Anlässen kann Humor in einem Trinkspruch sehr wohltuend sein.

Ein guter Freund von uns war gestorben. Er war einer der erfolgreichsten Filmagenten in der Geschichte Hollywoods gewesen. Clark Gable, Wallace Beery und Fred MacMurray waren nur einige der Schauspieler, deren künstlerische Laufbahn er gelenkt hatte. Er hatte das angenehme Leben, elegante Restaurants, gutes Essen und wertvolle Kunstwerke geliebt. Er hatte von allem nur das Beste gewollt und es auch bekommen.

Eine kleine Gruppe seiner engsten Freunde versammelte sich in seinem Haus. Alle waren traurig und ernst. Seine Witwe wußte, daß er nicht gewollt hätte, daß wir unglücklich waren. Sie stand auf, erhob ihr Glas und sagte einige Worte, die ich niemals vergessen werde:

»Laßt uns auf Phil anstoßen. Wo immer er ist, er sitzt am besten Tisch.«

In der Regel ist ein Trinkspruch eine gefühlvolle Botschaft. Seien Sie guten Mutes, denn es kommt nicht auf vollendete Form oder Witz an. Hier zählen vor allem Gefühl und Aufrichtigkeit. Ob Sie den Trinkspruch planen oder einer plötzlichen Eingebung folgen, die wichtigste Regel für einen überzeugenden Trinkspruch besteht darin, zu sagen, was man im tiefsten Herzen fühlt.

Die geschriebene 30-Sekunden-Botschaft

Die menschliche Aufnahmefähigkeit beträgt beim geschriebenen Wort ebenfalls 30 Sekunden. Die Hand ist schneller als das Auge, aber das Auge ist schneller als der Mund. Das heißt, Sie können in 30 Sekunden mehr Worte auf dem Papier lesen, als Sie in der gleichen Zeit laut sprechen können. Dieser Unterschied spielt keine Rolle. Es kommt darauf an, daß Sie auf dem Papier nicht mehr unterbringen, als in 30 Sekunden gelesen werden kann, sonst geht die dynamische Wirkung auf den Leser verloren.

Wie oft haben Sie schon seitenlange Briefe erhalten – mit geschäftlichem Inhalt oder Bitten um wohltätige Spenden?

Wie oft haben Sie solche Briefe in den Papierkorb geworfen, noch ehe Sie den ersten Absatz zu Ende gelesen hatten? Um ein bestimmtes Anliegen in einem Brief wirkungsvoll darzustellen, sollten alle Regeln und Strategien der mündlichen 30-Sekunden-Botschaft angewendet werden. Bestimmen Sie Ziel, Leser und Vorgehensweise. Beginnen Sie mit einem Aufhänger, führen Sie das Thema prägnant aus und beenden Sie den Brief mit einem wirkungsvollen Abschluß. Und es gibt noch eine Regel: Beschränken Sie sich auf eine Seite. Sind irgendwelche technischen Erläuterungen erforderlich, so fügen Sie sie auf einem getrennten Blatt bei, das gelesen wird, *nachdem* Sie das Interesse und die Aufmerksamkeit des Lesers mit Ihrem eine Seite langen Brief geweckt haben.

Der folgende Brief fordert zur Fortsetzung eines Trainingsprogramms für Manager der mittleren Ebene auf.

Lieber Erwin,

das Trainingsprogramm mit Ralph und seinen Leuten, das gerade abgeschlossen wurde, verlief besser und war hilfreicher, als ich ursprünglich erwartet hatte. Ich schlage vor, daß unsere fünf Geschäftsführer an dem Seminar teilnehmen.

Unser Ziel:

Den Profit der Firma erhöhen

Unser Vorgehen:

Unsere Geschäftsführer besser darauf vorbereiten, den Betriebsablauf zu verstehen und unsere Produkte zu verkaufen

Themen:

1. Unsere Manager mit den Aufgabenbereichen und Verantwortlichkeiten der einzelnen Abteilungen vertrautmachen.
2. Durch Planung und Koordination eine enge Kooperation zwischen den Abteilungen herstellen.

3. Neue Märkte und Vermarktungstechniken für unser Produkt finden.

Falls Sie noch nicht mit Ralph gesprochen haben, tun Sie es bitte. Ich denke, er wird Ihnen bestätigen, daß die Vorteile des Trainingsprogrammes die Kosten bereits mehr als gerechtfertigt haben. Wenn Sie zustimmen, möchte ich Sie bitten, die Fortsetzung des Seminars für unser Unternehmen weiterhin zu unterstützen.

Bitte rufen Sie mich an.

Mit freundlichen Grüßen

Diese Mitteilung hat den Umfang einer Seite, obwohl sie ausführlich ist. Man kann sie leicht in 30 Sekunden lesen. Sie fesselt die Aufmerksamkeit des Lesers. Aus diesem Grund ist es wichtig, kurz, präzise und gut gegliedert zu schreiben.

Aktennotizen – interne Mitteilungen

Eine interne Mitteilung ist ein abgekürzter Brief. Ein Memo dient dazu, das Gedächtnis aufzufrischen. Je kürzer es ist, desto besser. Die folgende Mitteilung enthält alles, was zu sagen ist:

An alle Mitarbeiter:
Betriebsruhe am Feiertag, nächsten Freitag, den 12. Juni. Genießen Sie den Tag.
Die Geschäftsleitung

Es gibt formelle und informelle geschäftliche Mitteilungen, aber man tut immer gut daran, sich an folgendes zu erinnern: Eine Mitteilung ist in jeder Beziehung mit einer gesprochenen 30-Sekunden-Botschaft vergleichbar. Hier ist ein Beispiel:

30. September

An:	Abteilungsbesprechung Buchhaltung
Datum:	Mittwoch, den 9. Okt.
Zeit:	Beginn 8.00 Uhr
	Schluß 9.00 Uhr
Ziel:	Zeit und Geld sparen
Weg:	Reorganisation der Buchhaltungsabteilung
Hauptthemen:	Diese finden Sie in den beigefügten Unterlagen zusammen mit den Kostenaufstellungen für neue Geräte und Methoden.

Bitte lesen Sie die Anlagen und durchdenken Sie die Problematik. Wenn Sie Fragen haben, rufen Sie Oscar Peters (App. 906) an, so daß Sie gut vorbereitet in die Sitzung gehen können.

Jeder einzelne wird um genaue Empfehlungen zu den aus den Anlagen ersichtlichen problematischen Punkten gebeten.

Mit bestem Dank

J. H. Berger
Finanzleiter

Der Finanzchef wußte bei der Ausarbeitung dieser Mitteilung, was er erreichen wollte. Die Leser erfahren genau, was von ihnen erwartet wird.

Empfehlungsschreiben

Empfehlungs- oder Vorstellungsschreiben sind eine weitere Form der 30-Sekunden-Botschaft und sollten nicht länger als eine Seite sein. Das folgende Schreiben für Peter, den Leiter einer Abteilung für Öffentlichkeitsarbeit, wurde vom Chef des Unternehmens, für das er früher gearbeitet hatte, verfaßt.

Sehr geehrter Herr Anders,

Peter hat das alte Sprichwort widerlegt: »Man kann einem alten Fuchs keine neuen Schliche beibringen.« Peter hat uns »alten Füchsen« als Leiter der Abteilung für Öffentlichkeitsarbeit in unserem Unternehmen in den letzten sieben Jahren viele neue Schliche beigebracht, einschließlich eines besseren Verständnisses für die Bedeutung der Öffentlichkeitsarbeit. Es ist nicht übertrieben zu sagen, daß Peter unsere Firma für die Allgemeinheit sehr populär und interessant gemacht hat.

Wir bedauerten, Peter zu verlieren, als er in Ihre Stadt umzog. Er hat bei uns hervorragende Arbeit geleistet, und ich bin überzeugt, er wäre eine wertvolle Bereicherung für Ihre Firma.

Bitte zögern Sie nicht, mich anzusprechen, wenn Sie weitere Informationen über Peter wünschen, die ich Ihnen jederzeit gerne geben würde.

Mit freundlichen Grüßen

Dankschreiben

Ein Dankschreiben ist eine aufmerksame Geste. Halten Sie Ihre Danksagungen kurz, freundlich und aufrichtig.

Lieber Bernd,
mein neuer Chef sagte mir, daß Sie mich sehr gelobt haben, als er Sie anrief. Ich weiß nicht, was Sie gesagt haben, aber Sie haben mir sehr geholfen. Ich habe die Stelle bekommen. Besten Dank.

Mit herzlichen Grüßen

Jennifer

Dankschreiben werden in der Geschäftswelt oft vernachlässigt. Eine persönliche oder telefonische Danksagung wäre für Sie bequemer und tut sicher auch seine Wirkung. Aber wenn sich jemand für Sie eingesetzt und Ihnen einen Gefallen getan hat, lohnt es sich, ein wenig Zeit darauf zu verwenden, der betreffenden Person zu schreiben, wie dankbar Sie ihr sind. Es muß kein langer Brief sein. Wichtig ist nur, daß Sie sich bedanken.

In 30 Sekunden – oder noch schneller

Eine prägnante 30-Sekunden-Botschaft ist die ideale Antwort auf jede Frage.

Durch die Umkehrung einer Frage können Sie Ihr eigenes Anliegen in der Beantwortung der Frage vermitteln.

Bestimmen Sie Ihre Zielvorstellung, Ihren Zuhörer und Ihre Vorgehensweise, *bevor* Sie einen geschäftlichen Anruf erledigen.

Wenn Sie Ihren Ansprechpartner telefonisch nicht sofort erreichen können, hinterlassen Sie eine Nachricht und geben Sie einen guten Grund an, weshalb Sie um Rückruf bitten.

Stellen Sie bei einem Verkaufsangebot alle wichtigen Vorzüge in 30 Sekunden – oder weniger – heraus.

Eine sorgfältig ausgearbeitete Tagesordnung mit der Aufforderung an die Teilnehmer, zu allen wichtigen Punkten präzise 30-Sekunden-Stellungnahmen abzugeben, verkürzt jede geschäftliche Sitzung.

Sie können jede passende Gelegenheit wahrnehmen, um Ihre 30-Sekunden-Botschaft vorzutragen. Wenn Sie vorbereitet sind, können Sie auch selbst eine solche Gelegenheit gezielt herbeiführen.

Alle Grundregeln und Methoden der 30-Sekunden-Botschaft können auf die schriftliche Kommunikation im beruflichen Alltag übertragen werden.

In Wort und Schrift ist die 30-Sekunden-Botschaft der überzeugendste Weg, um Ihren Standpunkt erfolgreich zu vermitteln.

Kapitel 12
Die unübertroffene
30-Sekunden-Botschaft

Mein Freund Charles war sehr verliebt in eine charmante junge Frau namens Eva. Auch sie war verliebt in Charles, aber er hatte sie noch nicht überzeugen können, ihn zu heiraten. Eines Tages lud er sie dann zum Essen ein. Sie fuhren zum Los Angeles Coliseum, dem größten Stadion der Westküste, Schauplatz der Olympischen Spiele 1984.

Mitten auf der riesigen Spielfläche standen ein kleiner Tisch und zwei Stühle. Ein beflissener Empfangschef führte sie zum Tisch und bat sie, Platz zu nehmen. Hinter jedem Stuhl stand ein Kellner bereit. Abgesehen von dieser kleinen Oase war das Coliseum völlig leer. Charles und Eva waren von Tausenden leerer Plätze umgeben.

Der Tisch war aufs feinste mit Kristall und Silber gedeckt. Kaviar und Champagner wurden serviert. Keine Spur der sonst im Coliseum üblichen heißen Würstchen. Dann folgten ein Soufflé, Salat und noch mehr Champagner. Während sie auf die Nachspeise warteten, lenkte Charles Evas Aufmerksamkeit auf die riesiggroße elektronische Anzeigentafel am äußersten Ende des Spielfeldes.

Wie vorher abgesprochen, erhob er sein Glas, und auf der Anzeigentafel leuchteten die Worte auf: »Eva, Liebling, willst du mich heiraten?«

Sie sagte ja, und seitdem leben Charles und Eva glücklich verheiratet in Los Angeles.

Selbstverständlich erforderte Charles Botschaft ziemlich viele Vorbereitungen. Aber er hatte Erfolg – nach 30 Sekunden.

Und jetzt, nachdem Sie die Methode kennengelernt haben, können auch Sie Erfolg haben.

Sie sind bestens vorbereitet.

Verwirklichen auch Sie Ihre Zielvorstellungen!

In 7 Tagen zum Erfolg

business basics

Peter Fleming
Erfolgreich verhandeln
Verhandlungspartner einschätzen, Angebote machen, Verhandlungen abschließen
96 Seiten,
Taschenbuch,
ISBN 3-478-84505-X
ca. DM 14,90 / öS 109,– / sFr. 14,90

Matthew Housden
Professionelle Marktforschung
Techniken, Analysen, Präsentationen
96 Seiten,
Taschenbuch,
ISBN 3-478-84501-7
ca. DM 14,90 / öS 109,– / sFr. 14,90

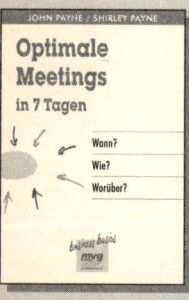

John und Shirley Payne
Optimale Meetings
Wann, wie, worüber
96 Seiten,
Taschenbuch,
ISBN 3-478-84504-1
ca. DM 14,90 / öS 109,– / sFr. 14,90

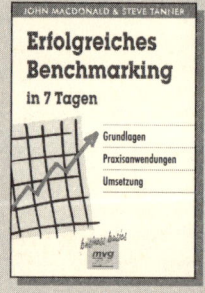

John Macdonald / Steve Tanner
Erfolgreiches Benchmarking
Grundlagen, Praxisanwendungen, Umsetzung
96 Seiten,
Taschenbuch,
ISBN 3-478-84500-9
ca. DM 14,90 / öS 109,– / sFr. 14,90

Gordon R. Wainwright
Perfekte Business-Briefe
Tips für einen verbesserten Briefstil, Berichte gekonnt verfassen
96 Seiten,
Taschenbuch,
ISBN 3-478-84503-3
ca. DM 14,90 / öS 109,– / sFr. 14,90

Mark Brown
Erfolgreiches Projektmanagement
Effiziente Planung, Kosten kontrollieren, Qualität gewährleisten
96 Seiten,
Taschenbuch,
ISBN 3-478-84502-5
ca. DM 14,90 / öS 109,– / sFr. 14,90